어린이 궁궐 탐험대
재밌게 걷자! 경복궁

재밌게 걷자! 경복궁

이시우 글 서평화 그림

주니어 RHK

차 례

어린이 궁궐 탐험대 대원들에게 … 6

경복궁 탐험 지도 … 10

광화문 위풍당당 경복궁의 정문 … 12

광화문 월대 광화문 앞에 다시 펼쳐진 길 … 20

해태 경복궁 대표 지킴이 … 26

영제교 여덟 마리 경비병과 함께 궁궐을 지키는 다리 … 32

주제 탐험 코스 1 동서남북 네 개의 문을 찾아서 … 38

근정전 임금의 위엄을 상징하는 중심 건물 … 40

사정전 조선 임금의 집무실 … 48

강녕전 임금의 건강을 기원하는 집 … 54

교태전 뒷마당에 꾸민 왕비의 품격 … 60

경회루 조선의 국가 공식 연회장 … 66

자선당·비현각·계조당 미래의 임금을 키워 내던 공간 … 72

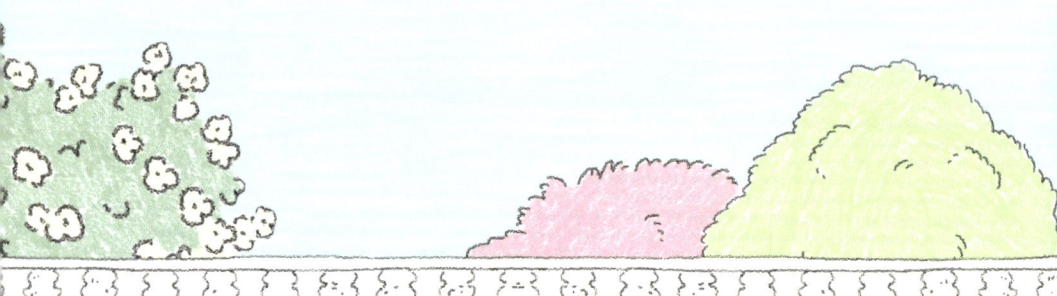

주제 탐험 코스 2 화재를 막기 위한 상징물을 찾아서	78
소주방 왕실 가족의 음식을 책임진 부엌	80
자경전 꽃담 경복궁에서 만나는 야외 미술관	86
자경전 왕실 최고 어른을 향한 효를 담은 집	92
향원정 고종과 명성 황후의 개인 정원	98
태원전 세상을 떠난 왕과 왕비가 머물던 곳	104
건청궁 고종이 지은 궁궐 속 궁궐	110
집옥재 최신 유행으로 지은 고종의 서재	116
주제 탐험 코스 3 고종의 흔적을 찾아서	122
탐험! 경복궁 역사	124
참고 문헌	126

어린이 궁궐 탐험대 대원들에게

  어릴 때 저는 우리 역사를 책에서 처음 만났습니다. 역사를 소개하는 책은 우리의 기나긴 역사만큼이나 많았고, 어린 제가 상상하기 힘들 만큼 아득히 먼 과거부터 최근 수십 년 전의 기록까지 내용도 참 다양했습니다.

  그때 전 역사책을 읽는 것이 마치 시간 여행 같다고 느꼈어요. 무엇보다 지어낸 이야기가 아닌, 지금 내가 살고 있는 이 땅 어딘가에서 실제로 일어났던 일이라 생각하니 얼마나 흥미로웠는지 몰라요. 왕과 왕비, 장군과 선비, 이름 모를 백성에 이르기까지 수많은 사람이 등장해 활약하는 역사 이야기는 영원히 끝나지 않을 재미있는 드라마 같았죠.

  그 뒤로 꾸준히 역사책을 읽었지만, 언제부터인가 아쉬운 마음이 들곤 했어요. 그 이유가 무엇인지 정확히 알지 못한 채 저는 자연스럽게 역사학을 전공으로 선택했습니다. 역사학과의 중요한 행사 중 하나가 학기마다 떠나는 '답사'인데요. 답사는 교수님과 학생들이 한 지역을 선택해 며칠 동안 유적지를 돌아다니며 조사

하고 공부하는 수업을 말해요. 그런데 첫 답사 때 문화재 현장을 직접 보고서야 왜 그동안 아쉬운 마음이 들었는지 알게 됐어요. 빈터에 덩그러니 남겨진 차가운 돌탑, 수백 년 시간을 이겨 내며 허물어지지 않고 서 있는 성벽……. 사실 대단한 장면은 아니었어요. 그런데 그곳에서 책 속에 평면으로 누워만 있던 역사의 한 장면이 입체로 살아나 펼쳐지는 것을 체험한 거예요!

역사를 글로 공부할 때와는 다른 큰 충격이었어요. 책으로는 절대 느낄 수 없는, 감각으로 얻는 무언가가 문화재 현장에 있었던 거죠. 답사 현장 주변을 직접 걸어 보고, 흙이나 돌을 두 손으로 만져 보면서 말이에요. 절터에 아무렇게나 자라는 잡초의 냄새를 맡기도 하고, 바람 소리를 귀 기울여 듣기도 하고요. 역사의 모든 상황을 빠짐없이 기록하기란 참으로 어려운 일입니다. 사료가 모두 전하지 못한 빈틈을 채우기 위해선 상상력과 해석이 분명 필요한데요. 저에게 그것을 가르쳐 준 것은 답사 현장에서 몸소 경험하여 얻은 '역사 감수성'이었죠.

그때 받은 즐거운 충격을 여러분과 나누고 싶어 이 책을 썼습니다. 조선은 500년이라는 긴 시간 동안 셀 수도 없을 만큼 많은 인물과 문화재, 유적, 보물, 기록을 남긴 나라예요. 조선의 흔적이 가장 많이 남아 있는 곳이 바로 궁궐이고요. 서울에는 궁궐이 무려 다섯 곳이나 있고, 각 궁궐에는 많은 건물이 모여 있습니다.

저에게 역사란 끝없이 이어지는 재미있는 드라마 같았다고 했죠? 저는 궁궐을 걸으면서도 비슷한 생각을 할 때가 많았어요. 저 많은 건물에 누가 살았을까, 어떤 일들이 벌어졌을까……. 궁궐에 담긴 이야기를 좇아 이곳저곳을 걷다 보면 시간 가는 줄 몰랐으니까요. 건물 한 곳만 보고 돌아가려다가도 바로 옆 다른 건물과 나무, 연못, 언덕 등 생각하지도 못했던 곳에서 다시 새로운 이야기가 펼쳐지는 곳이 바로 궁궐이랍니다. 그렇게 끝나지 않을 이야기 속에서 우리는 과거의 수많은 사람들과 반갑게 만났다 헤어지게 될 테고요. 그러니 궁궐이야말로 조선의 500년 역사가 생생하게 되살아나는 현장이라 할 수 있지 않을까요?

이 책은 조선의 첫 번째 궁궐, 경복궁을 여러분과 함께 둘러보기 위해 준비한 탐험서입니다. 우리는 경복궁의 건물과 다리, 돌로 만든 동물 조각과 그림, 담장, 연못, 대문 등을 구석구석 탐험할 거예요. 탐험 장소에 도착하면 우선은 제가 설명할게요. 여러분은 자유롭게 둘러보고 미션을 해결해 보세요. 답이 정해져 있는 미션도 있고, 제가 답사 현장에서 그랬던 것처럼 여러분 스스로 직접 느끼고, 찾아보고, 상상해 보는 미션도 있어요. 참, 탐험 순서는 여러분의 마음과 선택에 따라 언제든 바꾸어도 괜찮아요! 자, 이제 경복궁을 재밌게 걸으며 탐험해 볼까요?

어린이 궁궐 탐험대 대장 이시우

경복궁 탐험 지도

임금과 신하가 모여 나랏일을 하고, 왕실 가족이 모여 사는 집과 담장 전체를 아울러 '궁궐'이라고 해요. 우리가 첫 번째로 탐험할 궁궐은 바로 '경복궁'이에요. 조선 시대에 임금은 궁궐에서 북쪽을 등지고 남쪽을 바라보고 앉았어요. 따라서 임금이 앉은 왼쪽이 동쪽, 오른쪽이 서쪽이 되겠지요. 동서남북을 기억해 두면 더 즐겁게 경복궁을 탐험할 수 있을 거예요.

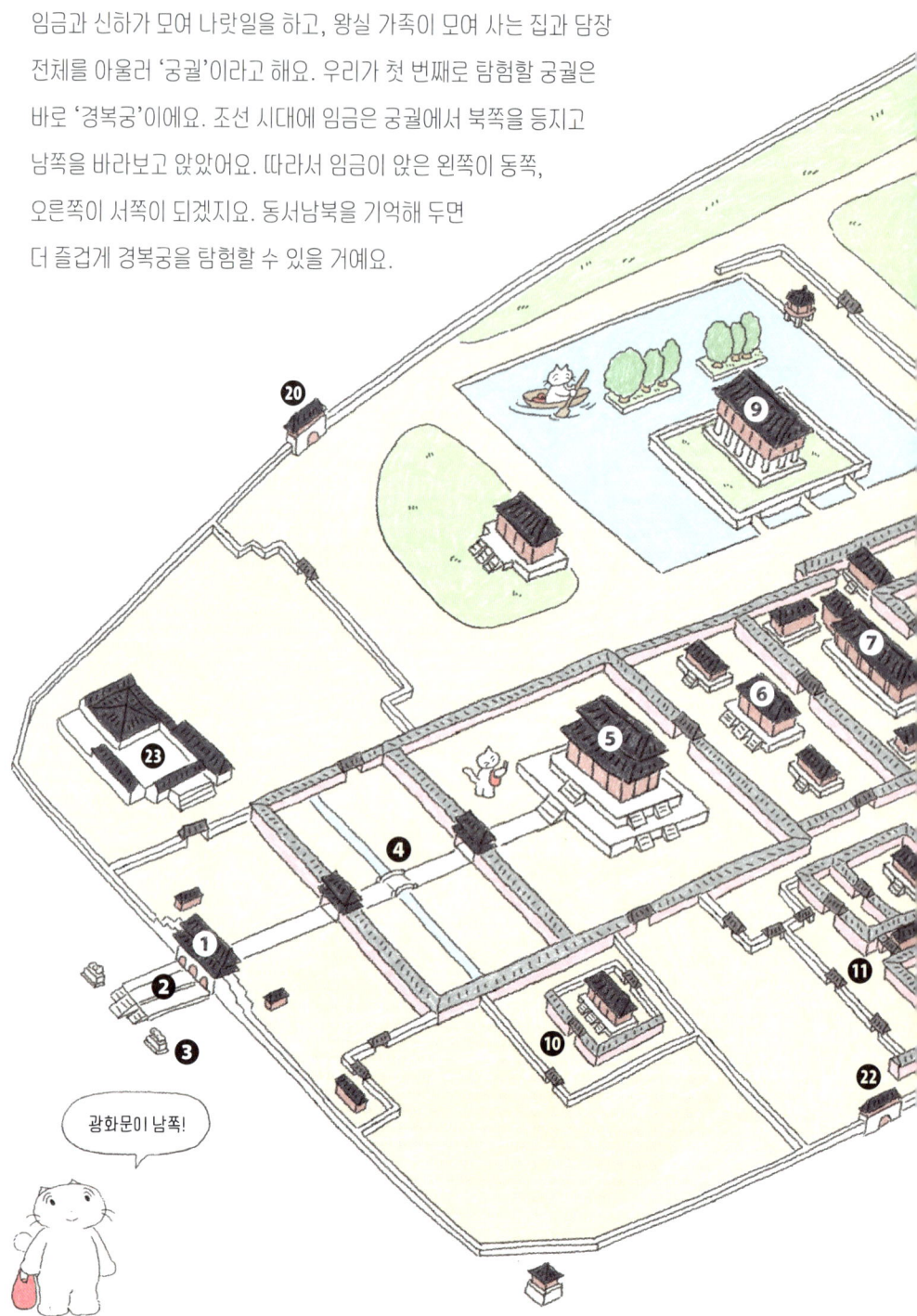

광화문이 남쪽!

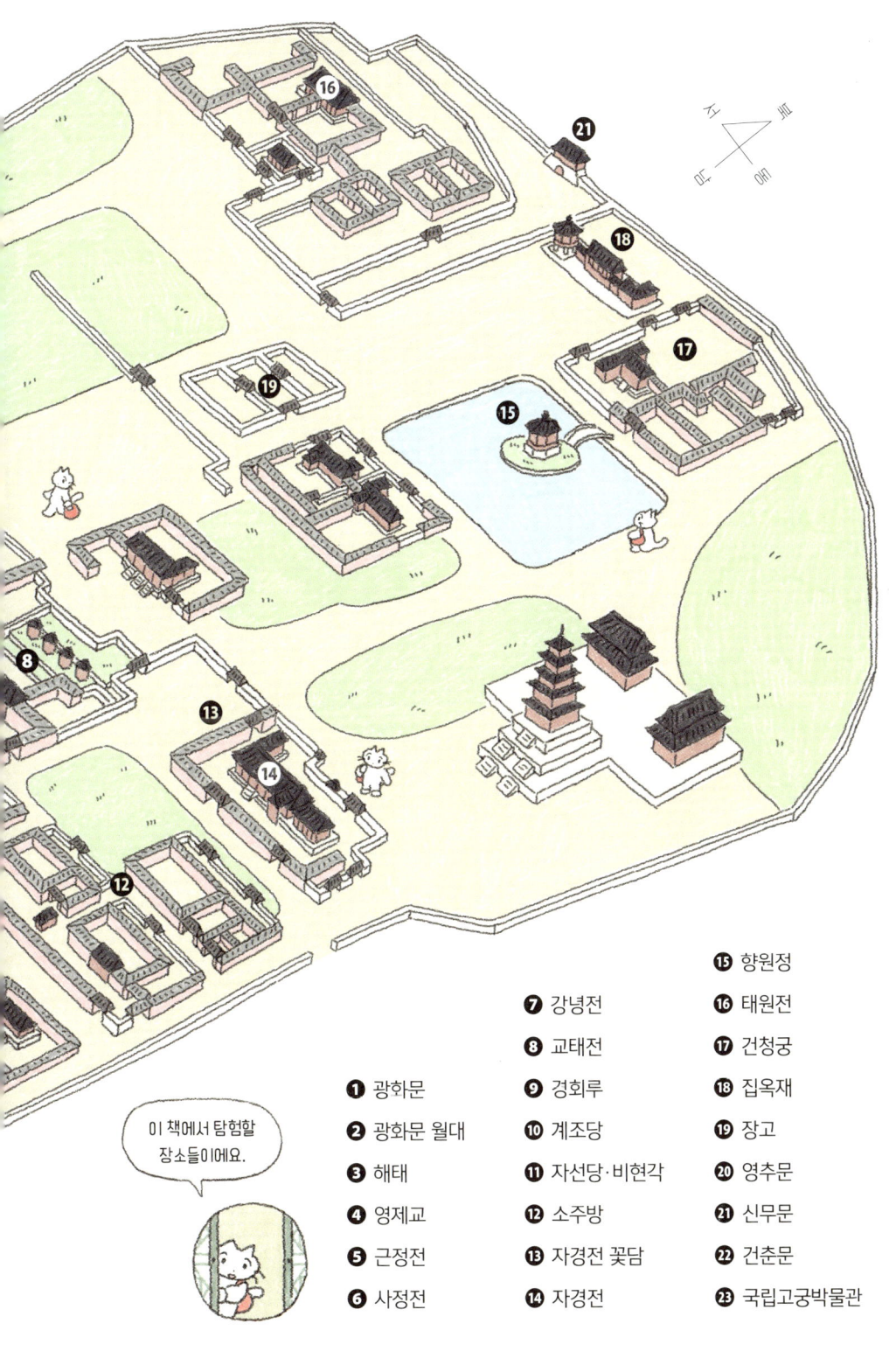

광화문

위풍당당 경복궁의 정문

경복궁에서 처음 만나는 건축물

조선의 첫 궁궐, 경복궁 탐험을 시작할 장소는 바로 광화문이에요. 우뚝 솟은 높은 건물들 사이, 널따란 큰길(세종대로)에 펼쳐진 광화문 광장에 서서 경복궁을 바라보면 가장 먼저 눈에 띄는 건축물이자 경복궁을 대표하는 상징물이지요.

경복궁은 조선을 건국하고 3년이 지난 1395년에 세워졌어요. 그때는 지금처럼 많은 건물과 궁성(궁궐을 둘러싼 성벽)까지 제대로 갖추어진 모습은 아니었어요. 임금과 왕비가 머무는 침전, 임금과 신하가 모여 나랏일을 돌보는 중심 건물인 정전 일부만 마련되어 있었지요. 궁성을 쌓기 시작한 것은 1398년 1월부터예요. 이때 함께 만들기 시작한 광화문은 6월쯤, 전체 궁성 공사는 7월에 마무리되었어요. 이때부터 광화문은 위풍당당한 모습으로 경복궁의 정문 역할을 해 오고 있지요.

광화문이 처음 세워졌을 때에는 별다른 이름 없이 '정문'이라고 불렸어요. 경복궁의 남쪽에 있는 문이어서 '남문'이라고도 불렸고요. 문에 '광화'라는 이름을 붙인 건 완공 후 시간이 조금 지난 1426년의 일인데요. '광화'는 '널리 빛을 비춘다'는 뜻입니다.

폐허로 남아 있던 270여 년

지금은 당당한 모습으로 서 있는 광화문. 하지만 처음 세워진 뒤로 지금까지 600여 년의 시간이 흐르는 동안 광화문은 화재와 전쟁, 일제 강점기, 잘못된 복원 등 여러 시련을 겪었어요.

광화문에 처음 닥친 큰 시련은 전쟁이었습니다. 건국 이후 조선은 오랫동안 평화의 시기를 보내고 있었는데요. 나라를 세운 지 꼭 200년이 지난 1592년에 임진왜란이 터졌어요. 이 전쟁으로 경복궁을 비롯해 창덕궁과 창경궁 전체가 불에 타고 크게 망가졌어요. 광화문도 이때 큰 피해를 입었고요. 그전에도 화재가 일어나 몇몇 건물이 불에 탄 적은 있었지만, 전쟁은 경복궁 전체를 폐허로 만들고 말았죠.

전쟁이 끝나고도 바로 경복궁을 다시 짓지는 못했어요. 어마어마한 비용과 인력이 필요한 일이었으니까요. 1865년에 이르러서야 경복궁을 새로 짓기 시작했고, 광화문도 다시 세웠지요. 임진왜란이 끝나고 폐허로 남아 있던 경복궁과 광화문이 제 모습을 찾기까지 270여 년의 시간이 걸린 거예요.

경복궁 동쪽으로 쫓겨난 광화문

이 상태로만 시간이 흘러왔다면 우리는 지금보다 더 멋진 경복궁과 광화문을 볼 수 있었을 거예요. 하지만 새로 지은 지 오래 지나지 않아 경복궁에 큰 시련이 또 한 번 찾아왔어요. 일제가 대한 제국의 주권을 강제로 빼앗은 것도 모자라 우리 백성들이 국가의 상징처럼 여기던 경복궁까지 훼손한 거예요. 식민 지배를 보다 쉽게 하기 위해 우리 민족의 역사와 고유한 정신을 완전히 지우려는 시도였어요.

일제는 지금의 광화문 뒤편 흥례문 앞 광장에 식민 통치 기구인 조선 총독부 건물을 세웠어요. 광화문 앞 큰길에서 봤을 때 경복궁의 모습이 완전히 가려졌지요. 그렇다면 광화문은 어떻게 되었을까요? 처음에 일제는 광화문을 완전히 없애 버리려고 했어요. 이 사실이 알려지자 전국에서 철거를 반대하는 목소리가 높아졌죠. 결국 일제는 광화문을 철거하는 대신 해체하여 건춘문 옆(지금의 국립민속박물관 입구 자리)으로 옮겨 버렸습니다. 경복궁 동쪽에 문이 두 개나 놓이는 기이한 상황이 벌어진 거예요.

말도 많고 탈도 많던 '광화문 제 모습 찾기'

 광복 이후에도 광화문은 제자리를 찾지 못한 채 건춘문 옆에 버려지다시피 놓여 있었어요. 그러다 한국 전쟁 때는 2층 문루(문 위에 다락 형태로 지은 부분)가 완전히 파괴되기도 했지요.

광화문이 지금의 자리로 다시 돌아온 건 1968년이에요. 하지만 제 모습을 완벽하게 되찾은 것은 아니었어요. 허물어진 부분을 전통 목조 공법을 이용해 제대로 복원한 게 아니라 콘크리트로 땜질하듯 만들었거든요. 방향도 어긋나게 배치해 놓았고요. 광화문은 원래 뒤쪽에 남북으로 일렬로 세워진 다른 건물들의 중심축에 맞춰 배치돼 있었어요. 그런데 복원할 때는 조선 총독부 청사를 기준으로 방향을 틀어 세워 둔 거예요. 일제는 조선 총독부 청사를 지을 당시 건물의 방향을 남산에 있던 조선 신궁(일제가 조선인들에게 참배를 강요하기 위해 세운 신사)에 맞추었는데, 그 사실을 제대로 파악하지 못한 결과였지요.

　이렇게 복원 과정에서 많은 문제가 있었지만, 잘못된 부분을 바로잡지 못한 채 시간이 흘렀어요. 심지어 경복궁을 막고 서 있던 조선 총독부 건물은 광복 이후에도 그대로 남아 정부 종합 청사로 계속 쓰였고요. 그러던 1995년 조선 총독부 건물이 완전히 철거됐어요. 광복 후 50년 만의 일이었지요. 총독부 건물은 사라졌지만, 광화문은 여전히 콘크

리트 옷을 벗지 못한 채 중심축이 어긋난 상태로 놓여 있었어요.

　광화문 복원 사업을 다시 시작한 건 2005년이었어요. 문을 해체하여 원래의 중심축에 맞추고 옛 모습 그대로의 목조 건축물로 다시 짓기로 한 거예요. 그리고 2010년 마침내 복원 공사가 마무리되고 우리가 지금 보는 광화문이 완공되었어요. 일제가 광화문을 해체해 건춘문 옆으로 옮긴 때가 1927년이니까, 처음 세워진 자리로 돌아와 원래 모습을 되찾기까지 80년이 넘게 걸린 셈입니다.

탐험미션

문화재가 망가지는 건 한순간이지만 제 모습을 되찾기까지는 긴 시간이 필요해요. 문화재를 지키기 위해 우리가 할 수 있는 일은 무엇인지 생각해 보세요.

광화문 월대

광화문 앞에 다시 펼쳐진 길

다양한 행사가 열리던 조선의 광장

조선 후기까지 광화문 앞은 다양한 행사가 열리는 광장이었어요. 가장 대표적으로 조선에 온 외국 사신을 맞이하는 환영식이 있습니다. 이때 광화문 앞에 '산대'라는 임시 무대를 설치해 조선에 온 다른 나라 사신들을 위해 음악 연주와 춤, 줄타기 등 공연을 선보였어요. 궁궐 안에서 조선의 임금이 기다리고 있다는 사실도 잊은 채 시간 가는 줄 모르고 공연을 즐긴 중국 사신도 있었다니, 얼마나 재미있었던 걸까요?

임시로 쌓은 무대라고는 하지만, 산대의 규모는 대단했습니다. 높게 쌓을 때는 광화문 높이와 비슷했다고 하니까요. 지금처럼 볼거리나 축제가 흔치 않았던 조선 시대에 외국 사신을 위한 성대한 환영식은 백성들에게도 큰 즐거움이었을 거예요. 이런 행사가 열릴 때면 수많은 한양 백성들이 광화문 앞으로 모였는데요. 인종 때 기록을 보면 허술하게 설치한 산대가 무너지는 바람에 많은 관람객이 목숨을 잃는 사고도 일어났다고 해요.

광화문 앞에서는 궁궐 밖으로 외출했다 돌아오는 임금 부부를 맞이하는 환영식도 열렸어요. 왕이나 왕비 얼굴을 전혀 알 수 없었던 시절이니 멀리서나마 이들의 행렬을 구경하는 것 역시 백성들에게는 무척 흥미로운 볼거리였을 거예요. 또한 광화문 앞 넓은 광장은 때로는 군사 훈련장으로, 때로는 임금이 직접 참석해 무관을 뽑는 과거 시험장으로도 사용됐습니다.

땅속으로 사라진 월대

이렇게 크고 작은 행사가 펼쳐지던 광화문 앞 광장에 1866년 월대가 놓였어요. '월대'란 궁궐의 중요한 건물이나 문 앞에 주변 터보다 높고 넓게 쌓은 단을 말해요. 낮은 건 계단 몇 개 정도 높이인데, 사람 키보다 훨씬 높게 쌓은 월대도 있답니다. 대개 한 단으로 되어 있지만 두 단으로 만들기도 해요.(뒤에서 만날 근정전처럼요.) 궁궐에서 행사가 열리면 월대는 악공들이 악기를 연주하고, 무희들이 춤추는 무대가 되었지요.

　광화문 월대는 가운데에 임금만이 지나다닐 수 있는 길인 '어도'와 다른 궁궐 정문의 월대에서는 볼 수 없는 난간을 설치한, 근사한 모습이었어요. 하지만 안타깝게도 대한 제국이 일제의 식민지가 되면서 그 모습을 조금씩 잃어 갔어요. 일제는 조선 총독부 청사를 짓는 데 필요한 자재를 옮

길 전차의 선로를 설치한다는 이유로 광화문 월대 일부를 헐어 버렸지요. 1923년에는 난간을 철거하고 그나마 남아 있던 월대를 흙으로 덮어 버렸고요. 그 뒤로 긴 시간 동안 광화문 월대의 존재는 완전히 잊히고 말았어요.

100여 년 만에 되찾은 광화문 월대

2022년 광화문 월대 복원을 위한 발굴 조사가 시작됐어요. 조사 결과 광화문 월대가 남북으로 길이 48.7미터, 동서로 너비가 29.7미터, 높이는 약 70센티미터 규모였다는 중요한 사실을 알아낼 수 있었지요. 월대 가운데에 폭 7미터 정도의 어도가 있던 흔적도 발견했고요. 1910년대 초에 촬영된 흐릿한 사진을 통해 어렴풋이 추정했던 월대의 규모를 구체적으로 알게 된 거예요.

2023년 10월, 마침내 도로 아래 파묻혀 있던 월대가 세상에 드러났어요. 월대를 다시 만들면서 대부분 새 석재를 사용했지만, 철거 후 방치돼 있던 난간석 일부도 함께 썼습니다. 반가운 소식도 있었어요. 월대 양쪽 계단 끝을 장식하던 서수상 두 점이 호암미술관 야외에서 전시되고 있다는 사실이 알려져 제자리를 찾게 되었죠. 광화문 바로 앞에 있던 해태상도 월대 앞으로 이동했고요.

  이렇게 100여 년 만에 월대가 복원되면서 광화문, 그리고 광화문을 중심으로 양옆으로 날개처럼 쫙 펼쳐진 궁궐 담장까지 모두 제 모습을 되찾았습니다. 이 과정에서 이전까지 'T' 모양이었던 광화문 앞 삼거리가 'Y' 모양으로 바뀌었지요. 1990년에 시작된 경복궁 복원 사업은 2045년까지 이어질 예정이에요. 여러분이 어른이 되었을 때에는 지금 탐험할 때와는 또 다른 경복궁의 얼굴을 발견하게 되겠지요? 그러니 광화문 바깥쪽의 월대를, 또 광화문 안쪽의 경복궁 곳곳을 두 눈에 잘 담아 두면 좋겠어요.

탐험미션

광화문 월대 난간을 이루고 있는 돌 가운데 어느 것이 기존 월대에 있던 돌인지 눈을 크게 뜨고 찾아보세요. 그렇게 생각한 이유는 무엇인가요?

해 태

경복궁 대표 지킴이

경복궁을 지키는 동물들의 우두머리

경복궁에는 돌을 깎아 세워 둔 동물 조각이 유독 많아요. 그중 대장이라고 부를 수 있는 것이 바로 광화문 월대 앞에 있는 해태 두 마리예요. 돌로 만든 기단을 튼튼하게 쌓고 그 위에 우람하게 생긴 해태를 올려놓았어요. 한눈에 봐도 크기와 모양이 압도적이죠. 광화문 월대 양쪽에 버티고 앉아 혹시라도 임금이 사는 경복궁으로 누가 침입할세라 남쪽을 향해 두 눈을 부릅뜨고 있네요.

그런데 자세히 보면 무섭게 생긴 것만은 아니에요. 둥글둥글 푸근하게 생긴 얼굴, 도톰한 다리와 발, 둥실한 엉덩이가 오히려 귀엽게 느껴지거든요. 턱 아래쪽에는 툭 치면 당장이라도 딸랑! 소리가 날 것 같은 방울도 달렸고요.

광화문 앞에 있는 것으로 미루어 보아, 해태의 첫째 임무는 궁궐 정문을 지키는 것이라고 짐작할 수 있어요. 관악산에서 내려오는 불의 기운을 막아 화재를 예방하기 위해 광화문 앞에 해태를 세웠다는 주장이 있지만, 정확한 근거가 있는 이야기는 아니랍니다.

옳고 그름을 가리는 사헌부의 상징

해태는 옳고 그름을 가리는 전설 속 동물이에요. 사람이 하는 얘기를 잘 알아듣는 데다 정직하고 충성스럽다고 전해져요. 싸우는 사람들이 있으면 잘잘못을 가려, 바르지 못한 사람은 이마에 솟은 뿔로 가차 없이 받아 버린다고 하고요. 특히 부패하거나 죄를 지은 관리를 발견하면 반드시 벌을 준다고 알려진 영특한 동물이지요.

이처럼 용감하고 정의롭게 시시비비를 가릴 줄 안다고 하여, 해태는 조선 시대 사헌부의 상징이 되기도 했어요. 사헌부의 임무가 바로 관리들의 부정부패를 감시하고 조사하는 일이었거든요. 사헌부 관리들은 해태의 머리 모양을 본뜬 모자를 썼고, 사헌부 최고 관리인 대사헌의 관복에는 해태를 수놓은 흉배(관복의 가슴과 등에 붙이던 장식)를 달았습니다.

원래 해태가 있었던 자리 역시 사헌부 관청의 정문 근처였어요. 지금은 볼 수 없지만 그때는 해태상 바로 앞에 네모난 돌이 놓여 있었다고 해요. 말에서 내릴 때 받침대로 사용하던 노둣돌(하마석)이지요. 궁궐 안에서는 오로지 임금만 말을 탈 수 있었기 때문에 관리들은 궁궐에 들어가려면 해태가 있는 지점부터는 모두 말에서 내려 걸어야 했거든요. 해태를 지난다는 것은 임금의 영역으로 들어간다는 의미였어요. 따라서 말에서 내린 신하들은 몸과 마음가짐을 단정히 했다고 합니다. 여러분이 중요한 사람을 만날 때 미리 거울을 보고 옷차림새를 확인하는 것과 비슷하다고 할까요.

신하들이 해태 앞에서 해야 했던 행동이 또 하나 있어요. 바로 해태의 꼬리를 만지는 거예요. 혹시라도 있을지 모를 바르지 못한 마음을 말끔히 씻고 청렴함을 되새기라는 뜻이었죠.

월대와 함께 제자리를 되찾은 해태

일제 강점기에 해태는 자리를 잃고 떠도는 신세가 되었어요. 일제가 광화문 앞에 전차 선로를 설치하겠다며 월대를 헐고 흙으로 덮어 버린 이야기, 기억하지요? 이때 선로 공

사에 방해가 된다며 해태도 다른 자리로 옮겨 버린 거예요.

그 뒤로 해태는 조선 총독부 청사 구석에 한참 동안 처박혀 있었어요. 건춘문 옆으로 옮겨졌던 광화문이 본래 위치로 돌아오면서 해태를 광화문 바로 앞에 세웠지만, 그곳 역시 정확한 자리는 아니었지요. 그러나 광화문 월대가 복원되면서 해태도 제자리를 되찾아 이제는 월대 앞쪽에 당당히 서 있을 수 있게 되었답니다.

탐험미션

해태 옆에 서서 여러분의 키와 비교해 보세요. 높이가 얼마나 되나요? 과연 조선 시대에 신하들이 실제로 해태의 꼬리를 만질 수 있었을까요?

영제교

여덟 마리 경비병과 함께 궁궐을 지키는 다리

궁궐을 지키는 하천과 다리

경복궁의 중심 공간인 근정전까지 가려면 광화문, 흥례문, 근정문, 이렇게 세 개의 문을 지나야 해요. 지금도 국가의 중요한 시설에 들어가기 위해 문 여러 개를 통과해야 할 때가 있어요. 신분 확인도 철저히 하고 말이지요. 조선 시대의 궁궐도 마찬가지였어요. 왕과 왕비 등 왕실 가족이 사는 곳이기도 하고 나라를 이끄는 핵심 공간이었으니 아무나 쉽게 드나들 수 없었을 거예요.

광화문과 흥례문을 지나 근정문에 거의 도착한 줄 알았더니, 다리를 하나 건너야 하네요. 조선의 궁궐에는 모두 정문을 지나면 이처럼 다리를 설치해 두었어요. 백성이 사는 궁궐 바깥과 임금이 머무는 궁궐 안쪽을 구분하기 위해서였어요.

다리 아래 흐르는 하천의 이름은 '금지하다'라는 뜻이 담긴 '금천'이에요. 궁궐을 지키기 위해 문마다 수문장을 두었을 뿐 아니라, 하천 이름에도 궁궐 밖의 나쁜 기운이 들어오지 못하게 하려는 의미를 담았다고 할 수 있어요. 금천을 가로질러 놓은 다리를 통틀어 '금천교'라고 부르는데, 다리 이름에도 '금지'의 의미를 담아 나쁜 기운을 막으려고 한 거예요. 참, 금천교의 이름은 궁궐마다 달라요. 경복궁 금천교의 이름은 '영제교'입니다.

영제교를 지키는 경비병, 서수

세 개의 문과 금천, 그리고 영제교까지. 이것만으로도 마음이 놓이지 않았던 걸까요. 금천과 영제교에는 믿음직한 경비병들을 따로 세워 두었어요. 바로 돌을 깎아 만든 '서수'라는 이름의 동물 조각상들이에요. 서수란 예로부터 좋은 기운을 불러온다고 알려진 '상서로운 동물'을 뜻해요. 현실에는 없고 상상이나 전설에만 등장하는 동물이죠.

먼저 영제교 난간의 네 귀퉁이를 살펴보세요. 기둥 위에 각각 앉아 있는 서수 네 마리를 금세 발견할 수 있을 거예요. 보기에 따라 새 같기도 하고, 용의 모습을 닮은 것도 같습니다. 여러분 눈에는 어떤 동물로 보이나요? 나쁜 기운이 겁먹고 달아날 만큼 사납고 무섭게 느껴지나요? 아니면 짓궂고 익살스러워 보이나요?

금천을 지키는 비밀 요원, 천록

다리 위에서 살펴본 서수 네 마리 말고도 금천 주변을 지키는 비밀 요원이 또 있어요. 이 서수들에게는 특별한 이름이 있는데, 바로 '천록'이라고 해요. 다리 아래쪽을 한번 내려다볼까요? 금천 벽 위에 납작 엎드린 채 물길을 뚫어져라 지켜보고 있는 동물 조각상이 보이지요? 그 녀석이 바로 천록이에요. 금천 벽 사방에 각 한 마리씩 놓여 있어요.

천록의 임무는 물길을 타고 궁궐로 들어오려는 나쁜 기운을 막는 거예요. 그러고 보니 언제든 물속으로 뛰어들 준비가 되어 있다는 듯 앞발을 금천 벽에 척 걸쳐 놓고 있네요. 잠깐이라도 한눈팔지 않겠다는 믿음직한 모습이군요.

이번엔 천록의 생김새를 한번 살펴볼까요? 언뜻 봐도 다리 난간 위 서수들과 생김새가 달라요. 사슴이나 소를 닮은 것도 같습니다. 그런데 서북쪽 금천 벽에 매달린 천록 요원의 표정이 좀 특이해요. 혀를 날름 내밀고 있어요! 건너편에 있는 동료 천록에게 짓궂게 "메롱!"하며 장난이라도 치는 걸까요? 그게 아니라면 조선 시대부터 지금까지 금천을 지키는 임무가 지루해 심통이라도 부리는 걸까요?

　지금은 물길이 끊겨 비가 내리지 않으면 물이 찬 모습을 보기 어렵지만, 여덟 마리 동물 경비대는 오늘도 영제교 위아래를 우직하게 지키고 있어요. 근정문으로 걸음을 옮기기 전에 영제교 주변을 한 바퀴 돌아보며 동물 경비대에게 반갑게 인사를 건네 볼까요?

탐험미션

'메롱 천록'의 얼굴을 보세요. 궁궐을 지키는 천록을 어째서 이렇게 장난스럽고 귀여운 표정으로 조각해 놓은 건지 마음껏 상상해 볼까요?

주제 탐험 코스 1 　**동서남북 네 개의 문을 찾아서**

경복궁에는 동서남북에 하나씩, 총 네 개의 큰 문이 있어요. 각 문에는 동서남북을 지키는 동물 '사신'이 그려져 있죠. 지금부터 남쪽 문에서 출발해 시계 방향으로 경복궁 문 탐험을 떠나 볼까요?

① 널리 빛을 비추는 문, 광화문

경복궁의 정문이자 남쪽 문이에요. 경복궁 안에 있는 어좌(임금이 앉는 자리)는 모두 광화문을 향해 놓여 있어요. 광화문에는 아치형 문이 세 개 있는데, 가운데 문 천장에 상상의 동물 '주작'이 그려져 있어요.

난 여름과 붉은색을 상징해.

② 가을을 맞이하는 문, 영추문

서쪽 문이에요. 일제 강점기에 전차의 진동 때문에 허물어져 철거되는 아픔을 겪었어요. 1975년 복원되었고요. 2018년부터는 이 문을 통해 경복궁으로 드나들 수 있게 되었지요. 천장에 '백호(흰 호랑이)'가 그려져 있어요.

임금님이 앉은 오른쪽에 있어서 우백호라고 해.

④ 봄을 일으키는 문, 건춘문

동쪽 문에 도착했어요. 천장에 용 두 마리가 그려져 있는데요. 그중에서도 동쪽에 '청룡(푸른 용)' 그림이 있답니다. 네 개의 문 중 유일하게 개방되지 않은 문으로, 동쪽에서 경복궁 안으로 들어가려면 국립민속박물관 입구를 거쳐야 해요.

난 임금님 왼쪽에 있어서 좌청룡!

난 겨울과 검은색을 상징하지.

③ 신령한 현무가 지키는 문, 신무문

북쪽 문이에요. 네 개의 문 중에서 가장 늦게 만들어졌지요. 평소에는 굳게 닫혀 있다가 임금이 후원으로 행차하거나 궁궐 밖을 은밀히 드나들 때 이용했어요. 천장에 '현무'가 그려져 있지요.

색다르게 탐험하기 낮과 밤, 계절, 걷는 방향에 따라 궁궐 담장의 바깥쪽 길은 매번 다른 얼굴을 보여 줄 거예요.

근정전

임금의 위엄을 상징하는 중심 건물

나라의 중요한 행사가 펼쳐진 공간

경복궁은 조선의 첫 궁궐이자 정치와 행정의 중심이었어요. 이렇게나 중요한 경복궁에서도 핵심이 되는 건물이 바로 근정전입니다. 신하들이 임금에게 문안 인사를 올리는 가장 큰 공식 행사인 '조참'이 근정전 마당에서 열렸지요. 외국 사신을 맞이하는 성대한 환영식도 이곳에서 펼쳐졌고요. 이처럼 국가의 중대한 공식 행사가 이루어지는, 궁궐에서 가장 중요한 건물을 '정전' 또는 '법전'이라고 해요.

영제교를 건너면 근정전의 정문 '근정문'이 보여요. 근정문에는 세 개의 출입구가 있는데, 가운데 문으로는 왕과 왕비만 다닐 수 있었어요. 양쪽에는 문관 신하가 드나들던 '일화문(동쪽)'과 무관 신하가 드나들던 '월화문(서쪽)'이 있고요. 임금이 죽은 뒤 세자가 즉위(임금의 자리에 오르는 일)하던 장소도 이곳 근정문 앞이었어요. 문 앞에서 즉위식을 치르고 근정전으로 이동해 어좌에 앉았지요. 정종과 세종, 단종, 세조, 성종, 중종, 명종, 선조 등 여덟 명의 왕이 근정문 앞에서 즉위했습니다. 자, 이제 근정문으로 들어가 볼까요?

근정전 마당의 장치들

근정문을 통과하면 널찍한 마당이 펼쳐집니다. 바닥을 한 번 보세요. '박석'이라고 하는 넓고 얇은 돌이 깔려 있어요. 표면이 거친 박석은 신하들이 신었던 가죽신이 미끄러지지 않게 해 주었지요.

마당 한가운데에는 임금이 다니는 어도가 나 있고 양옆으로 비석 모양의 '품계석'이 늘어서 있어요. 품계석은 근정전 마당에서 큰 행사가 열릴 때 신하들이 서는 위치를 표시해 주는 돌이에요. 1품에서 9품까지 아홉 등급으로 '품'을 나누고, 품은 다시 '정'과 '종'으로 나누는데 이것을 '계'라고 해요. 이 둘을 합쳐 '품계'라고 하는 거죠. 일화문과 월화문을 드나들 때의 원칙처럼 동쪽 품계석에는 문관 신하가, 서쪽 품계석에는 무관 신하가 섰습니다.

품계석을 따라 근정전 가까이에 다가가면 바닥에 박혀 있는 굵은 쇠고리를 볼 수 있어요. 근정전 마당에서 행사가 열릴 때 비나 햇빛을 가리기 위해 천막(차일)을 쳤는데, 그때 천막 끈을 걸어 고정하던 고리예요.

근정전 안팎을 장식한 동물들

어도를 따라 걷다 보면 커다란 근정전의 모습이 두 눈 가득 들어옵니다. 경복궁의 핵심 건물답게 마당에서 근정전을 바라보면 대단한 위엄이 느껴져요.

근정전으로 가까이 다가가 볼까요? 계단 가운데 비스듬하게 눕혀 놓은 넓은 사각형 돌 두 개가 보이나요? 이것을 '답도'라고 해요. 답도에는 대개 임금을 상징하는 전설 속 동물, 용이나 봉황을 새겨 넣는데요. 임금이 좋은 정치를 베풀고 나라가 영원하기를 바라는 마음을 담은 문양이에요. 근정전 답도에는 봉황이 조각되어 있고요. 봉황이 나타나 화려한 날갯짓을 하면 현명하고 뛰어난 임금이 탄생할 거라는 전설이 전해 오죠.

근정전에는 조선의 5대 궁궐 건물을 통틀어 가장 화려한 월대가 설치되어 있어요. 상월대와 하월대를 두 층으로 쌓고 남쪽과 북쪽에는 계단을 하나씩, 동쪽과 서쪽에는 계단을 두 개씩 만들어 두었지요. 여기에서 끝이 아니에요. 월대와 계단 난간 위에 다양한 동물 조각을 올려놓았거든요.

궁궐의 건물들 중에서 이렇게 두 단으로 월대를 쌓고, 각 단에 난간과 동물 조각까지 올려 장식한 곳도 근정전이 유일해요.

먼저 하월대를 둘러볼까요? 하월대의 동쪽과 서쪽 모서리에 서면 서수 가족을 볼 수 있어요. 어미로 보이는 서수의 가슴에 착 달라붙어 있는 새끼가 무척 귀여워요.

상월대로 올라가면 동서남북에서 청룡과 백호, 주작과 현무를 각각 볼 수 있어요. 그 사이에 십이지 신상과 하늘의 별자리인 28수를 표현한 석상이 놓여 있습니다. 십이지신은 방향과 시간, 띠를 상징하는 열두 종류의 동물이고요. 28수란 하늘의 적도를 따라 남쪽과 북쪽에 떠 있는 별들을 스물여덟 개의 구역으로 나눈 별자리를 말하죠.

그런데 근정전의 동물 조각은 이게 다가 아니에요. 건물 안으로 들어가면 천장에 멋지고 화려한 쌍룡 조각이 있거든요. 용은 임금을 상징하는 동물 중 하나라고 했죠? 동시에 전설에 등장하는 동물 중에서 가장 강력한 존재예요. 경복궁에서도 가장 중요한 건물인 근정전의 천장 한가운데에 용 중에서도 지위가 가장 높다고 알려진, 일곱 개의 발톱을 지닌 황룡을 조각해 두었다니 그 의미가 짐작돼요. 여기서 여러분에게만 탐험 팁을 하나 알려 줄게요! 쌍룡 조각은 건물 정면에서는 보이지 않고, 동쪽이나 서쪽 문 앞에 서야 잘 보인답니다.

탐험미션

근정전 월대를 한 바퀴 둘러본 뒤 다양한 동물 조각상 가운데 가장 마음에 드는 것을 골라 보세요. 과연 어떤 동물을 조각한 것인지 맞혀 볼까요?

사정전

조선 임금의 집무실

바쁘고 빡빡한 임금의 하루 일과

조선 시대 임금의 하루는 보통 새벽 네다섯 시부터 시작되었어요. 임금은 궁궐에 있는 왕실 어른들에게 문안 인사를 올린 뒤 사무실인 편전으로 출근해 본격적으로 하루 일정을 시작했지요. 임금은 하루 중 대부분의 시간을 편전에서 보냈어요. 경복궁의 편전이 바로 사정전이고요.

임금이 사정전에서 날마다 해야 하는 중요한 일 중 하나는 공부였어요. 임금이 웬 공부냐고요? 조선의 임금은 정치인이자 학자였거든요. 나라를 이끌 지식을 갖추고, 유교 사상에 맞는 이상적인 인간이 되기 위해 늘 공부해야 했어요. 그래서 아침, 점심, 저녁으로 많게는 하루 다섯 번 신하들과 모여 공부했는데, 이를 '경연'이라고 해요.

나랏일 또한 기본이었죠. 임금은 매일 사정전에서 신하들과 업무를 논의하고, 해결해야 할 문제들을 보고받았어요. 또 특별히 의논할 일이 생기면 사정전으로 신하들을 따로 불러 이야기를 듣기도 했어요. 지방에서 올라온 보고서를 검토하는 것도 사정전에서 하는 중요한 업무였고요. 이렇게 바쁘고 빡빡한 일정을 보내다 보면 어느새 임금의 하루가 다 지나갔어요.

　임금은 명절 때나 높은 신하가 세상을 떠났을 때 며칠 쉬는 것 말고는 휴가도 없이 일해야 했답니다. 임금으로 산다는 건 결코 쉬운 일이 아니었겠지요? 그래서인지 건강이 좋지 않았던 임금들도 있었는데요. 특히 한글을 만든 세종은 임금으로 있던 기간 동안 각종 질병에 시달렸다는 기록이 남아 있답니다.

임금의 자리를 상징하는 그림

　임금이 나랏일을 펼치던 모습을 상상하며 사정전 안을 둘러보세요. 정면에 임금이 앉는 자리인 '어좌'가 놓여 있어요. 우리가 사정전에서 주목할 것은 어좌 뒤에 놓인 근사한 그림 두 점이에요.

　먼저 어좌 바로 뒤에 있는 〈일월오봉도〉가 눈에 들어올 거예요. 이름 그대로 해와 달, 다섯 개의 봉우리를 표현한 그림으로, 폭포와 파도, 적송 등이 한데 어우러져 있어요.

〈일월오봉도〉는 이상적인 조선의 앞날을 나타내요. 사정전뿐 아니라 궁궐의 다른 건물에서도 볼 수 있는데, 이 그림이 있는 곳의 바로 앞은 임금이 앉는 자리라고 알아 두세요.

시선을 위로 올리면 더 큰 그림 한 점이 눈에 들어와요. 용 두 마리와 구름이 멋지게 그려진 〈쌍룡도〉입니다. 용은 어진 임금을, 구름은 좋은 신하를 상징해요. 전설 속에서 용은 구름을 일으켜 땅에 비를 내리고 생명을 키우는 존재예요.

즉 신하를 잘 만나야 임금도 훌륭해진다는 뜻을 그림에 담은 거지요. 그런데 최근에는 경복궁을 새로 고쳐 지은 뒤 일본인이 이 그림을 그렸을 거라는 주장이 제기되기도 했어요.

사정전에 딸린 건물들

사정전 앞에서 사정문을 바라보고 서면 문 양옆으로 연결된 열 개의 문을 볼 수 있어요. 이곳은 '내탕고'라는 이름의 창고예요. 서쪽에서 동쪽으로 문기둥을 차례로 보면 '천자고'부터 '월자고'까지 적힌 문패가 달려 있지요. '하늘 천' 자부터 '달 월' 자까지 천자문 순서대로 이름을 붙여 둔 것인데, 일종의 창고 번호라고 생각하면 돼요. 내탕고에는 임금과 왕실의 재물을 보관했어요. 임금은 개인적으로 책을 펴내거나 천재지변으로 어려움에 처한 백성들을 도울 때 내탕고에 있는 재산을 꺼내 썼답니다.

사정전 옆으로는 보조 건물 두 채가 딸려 있어요. 동쪽 건물이 만춘전, 서쪽 건물이 천추전이지요. 사정전의 바닥은 마루로 되어 있어 난방을 할 수 없었지만, 만춘전과 천추전에는 온돌이 깔려 있어 바닥을 따듯하게 데울 수 있었어요. 임금이 추운 겨울이나 이른 새벽, 또는 신하들과 좀 더 편하게 이야기를 나누어야 할 때 이 두 건물을 이용한 거예요. 지금은 세 건물이 각각 떨어져 있지만, 원래는 사정전과 두 건물이 복도각(지붕이 있는 복도)으로 연결되어 임금이 밖으로 나가지 않고도 편하게 이동할 수 있었다고 해요.

탐험미션

사정전 앞뜰을 거닐며 조선의 임금이 되었다고 상상해 봐요. 눈코 뜰 새 없이 바빴던 사정전에서 쉬는 시간이 주어진다면 무엇을 하고 싶은가요?

강녕전

임금의 건강을 기원하는 집

담장 너머 자연으로 연결되는 집

사정전에서 하루 일과를 마친 임금은 이제 강녕전으로 향합니다. 강녕전은 임금이 잠을 자고 편히 쉬는 침전이지요. 강녕전 앞마당을 휘둘러보세요. 임금이 머무는 곳이니 건물 주변을 화려하게 꾸몄을 것 같지만, 아무리 살펴보아도 특별히 눈에 띄는 게 없군요.

그 이유는 한옥의 전통 조경(경치를 아름답게 꾸미는 일) 방법에서 찾을 수 있어요. 한옥의 앞마당에는 대부분 나무를 심지 않아요. 특별한 장식품도 두지 않고 마당을 비워 놓습니다. 그래야 집주인이 방 안에 앉아 담장 너머에 펼쳐지는 자연 경관까지 보고 즐길 수 있거든요. 마당에 여러 시설을 두거나 키 큰 나무를 심는다면 시선이 바깥으로 나가지 못하고 담장 안쪽에서만 맴돌 수밖에 없겠지요.

이렇게 집 바깥의 풍경을 방 안까지 끌어오는 조경 방법을 '차경'이라고 해요. '자연 속 경치를 빌려 온다'는 뜻으로, 우리 전통 조경의 기본 철학이 담겨 있어요. 이때 한옥의 창과 문은 액자 역할을 해요. 풍경은 액자에 담긴 한 장의 그림이 되고요. 집이 단순한 건물에 그치지 않고, 담장 너머 강과 산까지 이어 주는 공간으로 확장되는 거예요.

굴뚝 두 개에 새겨진 여덟 글자

꾸밈이 없는 마당을 돌아 강녕전 뒤쪽으로 가 볼까요? 뒷마당마저 아무 장식 없이 담백하게 마무리하기에는 못내

아쉬웠는지 예쁜 굴뚝 두 개를 만들어 두었어요. 건물 뒤에는 교태전으로 통하는 양의문이 있는데, 문의 양옆을 잘 보세요. 문 좌우로 이어지는 담장에 앞으로 툭 튀어나온 부분을 찾았나요? 이게 바로 강녕전 굴뚝입니다. 경복궁에는 예술품처럼 아름다운 굴뚝이 많아요. 강녕전 굴뚝도 그중 하나지요.

이 굴뚝에서 눈여겨봐야 할 곳은 벽면에 새겨진 문양입니다. 규칙이 있는 연속 문양도 있지만 자세히 들여다봐도 도대체 어떤 의미인지 모를 선들도 그려져 있어요. 선의 방향도 제각각인 데다가 어떤 것은 끊겨 있고, 또 어떤 것은 연결되어 있지요. 선으로 새긴 이 문양은 바로 글씨랍니다.

　한글처럼 한자에도 다양한 서체가 있어요. 그중에서도 강녕전 굴뚝에 새겨진 글자의 서체는 '전서체'라고 해요. 흔히 도장에 이름을 새길 때 사용하는 글씨체라고 하면 이해가 될 거예요. 전서체로 쓴 글자는 한눈에 알아보기는 어렵지만 매우 예쁘고 독특하지요. 선과 선이 이어지고 끊어지며 오묘한 분위기를 내고, 곡선이 많이 쓰여 마치 그림 한 점을 보는 것 같거든요.

　그렇다면 굴뚝에 어떤 글자를, 왜 새겨 놓은 걸까요? 문을 마주 보고 섰을 때 오른쪽(동쪽) 굴뚝에는 '천세만세(千世萬歲)', 왼쪽(서쪽) 굴뚝에는 '만수무강(萬壽無疆)'이라고 새겨져 있어요. 천년만년, 그러니까 아주 오래오래 아무 탈 없이 살라는 뜻으로, 강녕전의 주인인 임금의 건강과 장수를 바라는 마음을 담았지요. 왕조 국가 조선에서 임금의 건강은 가장 중요한 문제였어요. 임금이 건강하게 오래 살아야 나라가 평온할 테니까요. 그러니까 강녕전 굴뚝에 새긴 여덟 글자는 국가의 안녕까지 바라는 부적 같은 역할을 했을 거예요.

어때요, 어떤 한자들을 무슨 이유로 새겨 놓은 것인지 알고 나니 이제 굴뚝의 글자 모양이 눈에 들어오나요?

탐험미션

여러분이라면 강녕전 굴뚝에 어떤 문구를 새기고 싶나요?
꿈꾸거나 바라는 마음을 담아 문구를 적어 보세요.

교태전

뒷마당에 꾸민 왕비의 품격

꽃 계단으로 장식한 뒷마당

"중전마마 납시오!" 조선 시대를 배경으로 한 사극을 보면 왕비가 행차할 때 나오는 이런 대사를 한 번쯤 들어 봤을 거예요. '중전'은 왕비를 이르는 말이거든요. 왕비의 공간은 궁궐의 가운데에 배치해요. 이러한 위치의 특성을 담아 가운데를 뜻하는 '중(中)' 자와 궁궐을 뜻하는 '궁(宮)' 자를 써서 왕비가 머무는 건물을 '중궁전'이라고 합니다. '중전'이라는 말도 여기에서 왔고요. 경복궁의 중궁전이 바로 교태전이에요.

교태전의 가장 큰 특징은 뒷마당의 '화계'입니다. 화계는 '꽃을 심은 계단 모양의 화단'이라는 뜻으로, 교태전 화계에는 '아미산'이라는 이름까지 붙어 있어요. 산이라고는 하지만 사실 언덕 정도 높이로, 사람이 흙을 쌓아 만든 인공 산이에요. 경회루를 지을 때 연못을 만들려고 땅을 팠는데, 거기에서 나온 흙을 내다 버리지 않고 교태전 뒤로 옮겨 와 쌓은 거죠. 궁궐에 임금의 정원인 후원이 있다면, 아미산은 왕비만을 위해 마련한 작은 후원인 셈입니다.

왕비의 외로움을 달래 준 자연의 풍경

자연의 풍경을 모두 모아 놓았다고 해도 될 만큼 아미산에서는 다양한 자연물과 장식 요소를 찾아볼 수 있어요.

먼저 눈에 띄는 것은 화계 전체에 무성하게 심은 꽃과 나무예요. 아미산은 사계절 모두 아름답지만, 예쁜 꽃이 가득한 봄철이 가장 유명하지요. 맨 아래 첫 번째 단에는 기암괴석도 놓여 있네요. 조선 시대에는 이처럼 긴 시간 동안 변함없이 모양을 유지하고 있는 돌이 유교에서 가리키는 지조 있는 인간의 모습을 가장 잘 표현한다고 생각했어요. 그래서 집 뒤뜰에 멋지게 생긴 돌을 갖다 놓고 감상한 거예요.

두 번째 단에 놓인 돌그릇 두 개는 연못을 상징해요. 돌그릇에 새겨진 이름을 보면 알 수 있지요. 오른쪽 돌그릇에는 '낙하담'이라는 글씨를 새겼는데요. '노을이 떨어지는 물웅덩이'라는 뜻이랍니다. 왼쪽에 있는 돌그릇에는 '달이 담긴 연못'이라는 뜻의 '함월지'라고 새겨 놓았고요.

이렇게 아미산에 자연의 모습을 본뜬 설치물을 둔 이유는 왕비의 외로움을 달래 주기 위해서였어요. 왕비는 대개 어린 나이에 궁궐로 들어와 궁 밖으로 쉽게 외출할 수 없었거든요. 평생을 궁궐 안에만 머물러야 했을 왕비는 사시사철 아미산에 피고 지는 꽃과 나무, 돌그릇에 비친 풍경 등을 보며 고독한 시간을 견뎠을 거예요.

왕비의 안녕을 기원하는 굴뚝의 그림들

낙하담과 함월지 뒤쪽에는 붉은색 벽돌로 만든 굴뚝 네 개가 나란히 서 있어요. 육각형 굴뚝의 여섯 면에는 건강과 장수를 기원하는 십장생, 고결함을 상징하는 사군자 등 다양한 문양을 새겨 놓았네요. 굴뚝의 한 면 한 면이 한 폭의 근사한 그림 같아요. 교태전 주인인 왕비에게 좋은 일만 생기기를 바라며 이렇게 그림을 그려 넣은 거지요.

탐험미션

조선 시대 왕비가 되었다고 상상해 보세요. 왕비의 뒤뜰인 아미산을 어떻게 꾸미고 싶나요?

경회루

조선의 국가 공식 연회장

나라의 큰 행사가 열리던 곳

궁궐에는 임금과 신하, 왕실 가족이 모여 잔치를 즐기거나 외국 사신이 왔을 때 성대하게 대접하기 위한 장소도 필요했어요. 이를 위해 태종은 원래 늪지대였던 터에 국가 공식 연회장을 세웠는데, 그곳이 바로 경회루입니다. 세종은 경회루에서 연회도 열었지만, 오랫동안 비가 오지 않을 때에는 백성들을 위해 기우제도 지냈지요. 성종 때에는 경회루를 손보면서 돌로 만든 기둥에 용 문양을 새기기도 했는데, 이때의 경회루를 지금은 볼 수 없어요. 임진왜란 때 불에 다 타 버렸거든요. 고종 때 복원한 경회루가 지금까지 남아 있는 거예요.

연못 위 인공 섬에 지은 누각

경회루는 사각형 연못에 만든 세 개의 인공 섬 중 가장 큰 동쪽 섬 위에 지은 커다란 누각이에요. 주변 경치를 감상할 수 있도록 높게 지은 한옥을 '누각'이라고 하는데, 경회루는 우리나라에 있는 누각 중 가장 크고 멋진 건물이지요.

가장 먼저 눈에 들어오는 것은 누각을 떠받치고 있는 48개의 돌기둥이에요. 자세히 보니 모양이 달라요. 안쪽은 원기둥이고, 바깥쪽은 사각기둥이군요. '하늘은 둥글고 땅은 네모나다'는 동양의 전통 사상을 나타낸 것으로 보여요. 서쪽 난간 중간쯤에는 연못과 연결된 계단이 있는데요. 연회가 열리는 날 연못에서 뱃놀이를 즐기곤 했는데, 배에 오르내릴 때 사용하려고 만들어 둔 것이지요.

이번에는 지붕을 한번 올려다볼까요? 나쁜 기운을 막기 위해 한옥 지붕에 일렬로 쭉 올려놓는 장식을 '잡상'이라고 해요. 한옥은 잡상의 개수로 건물의 지위를 나타내기도 하는데요. 우리나라에 있는 한옥 중 잡상의 수가 가장 많은 건물이 바로 경회루랍니다.

아름다운 경치를 안으로 끌어들인 건물

연회는 주로 2층에서 열렸어요. 1층 양쪽에 있는 계단으로 2층에 오르면 높낮이가 세 단으로 나뉜 마룻바닥이 널찍하게 펼쳐지는데요. 가장 높은 가운데에 임금이 앉았죠.

마룻바닥의 높이 차이는 계단 하나보다도 낮은 정도예요. 바닥 높이가 달라지는 각 부분에 문을 달았는데요. 적은 인원이 모일 때는 맨 안쪽 문을 닫고, 많이 모일 때는 모든 문을 여는 식으로 사용했어요. 이렇게 문을 다 열면 경회루 2층이 훤하게 뚫린 넓은 공간이 되고요.

경회루 2층에 올라 바깥으로 눈을 돌리면 마치 커다란 액자 속에 경복궁 주변 풍경이 쏙 들어와 있는 듯한 기분이 들 거예요. 2층의 바깥 기둥과 기둥 사이 둘레를 직선이 아닌 덩굴무늬를 닮은 곡선으로 장식해 놓은 덕분이죠. 이러한 장식 문틀을 '낙양각'이라고 하는데, 중요하고 고급스러운 한옥에만 설치했어요. 낙양각 너머 북쪽으로는 북악산, 서쪽으로는 인왕산의 절경이 펼쳐집니다. 높은 건물이 없었던 조선 시대에는 남쪽으로 남산까지 보였다고 해요.

탐험미션

경회루 지붕 위에 일렬로 앉아 있는 잡상은 모두 몇 개인지 세어 보세요. (정답은 79쪽에!)

자선당·비현각·계조당

미래의 임금을 키워 내던 공간

해가 뜨는 동쪽, 세자의 집

"여봐라! 가서 동궁을 들라 하라!" 조선 시대 궁궐이 배경인 영화나 드라마를 보면 잔뜩 화가 난 임금이 이렇게 동궁을 찾는 장면이 나와요. 동궁은 '세자'를 가리키는데요. 세자가 머무는 공간을 '동궁'이라 불렀거든요. 말 그대로 '동쪽에 있는 궁'이라는 뜻이죠. 그런데 왜 동쪽이었을까요?

세자는 다음 왕위에 올라야 할 몸이니, 조선에서 임금 다음으로 중요한 인물이라고 할 수 있어요. 따라서 해가 떠오르는 동쪽이 세자의 자리로 가장 어울린다고 생각했던 거예요.

임금이 되기 위해 밤낮으로 준비하던 곳

동궁의 여러 건물 중 '자선당'은 세자 부부가 생활하던 곳이고, '비현각'은 세자의 집무실로 쓰던 곳이에요. '계조당'은 세자가 왕을 대신해 신하들의 보고를 받고 나랏일을 보던 곳이죠. '세자시강원(춘방)'은 오로지 세자만을 위한 교육 기관이었는데, 이곳의 교육 과정이 무척 어렵고 까다로

웠어요. 세자는 이른 새벽부터 늦은 밤까지 꽉 짜인 시간표에 따라 공부해야 했습니다. 시험도 자주 봤고, 점수가 좋지 않으면 임금에게 심한 꾸중도 들었지요. 행동과 말도 항상 조심해야 했고, 반대 세력과의 갈등도 극복해야 했어요. 이곳에서는 장차 훌륭한 임금이 되어 나라를 잘 다스리기 위한 준비를 했던 거예요. 세자시강원과 세자의 경호원들이 머무르던 '세자익위사(계방)'는 현재 빈터로 남아 있어요.

준비된 세자를 키우려 했던 세종

경복궁에 동궁을 처음 지은 임금은 세종이에요. 셋째 아들로 태어나 갑자기 세자가 된 세종은 세자의 자리를 물려받은 지 두 달 만에 왕위에 올라야 했어요. 임금이 되기 위한 공부를 전혀 하지 못한 채 말이죠. 스스로 '준비가 안 된 세자'라고 느꼈기 때문에 세자의 교육이 중요하다고 생각했고, 아들만큼은 '준비된 세자'로 키우고 싶었던 거예요. 물론 우리는 세종이 얼마나 위대한 왕이었는지 잘 알지만요.

세종은 밤낮으로 나랏일과 공부에 매달린 나머지 건강이

 매우 나빠지자, 대부분의 일을 세자에게 맡겼어요. 이렇게 임금이 병들거나 나이가 들어 세자가 대신 국정을 이끄는 것을 '대리청정'이라고 하는데, 이때 세자가 신하들과 업무를 보던 장소가 바로 계조당이었습니다.
 세종의 아들 문종은 세자 신분으로만 29년을 지냈어요. 이 기간 동안 임금이 되는 수업을 받으며 세종이 훈민정음

창제는 물론 문화와 과학, 음악, 의학 등 많은 분야에서 업적을 이룰 수 있도록 곁에서 도왔지요.

100년이 지나 다시 갖춰진 동궁

고종 때 경복궁을 다시 지으면서 단종 때 헐어 버린 계조당과 임진왜란 때 불에 타 버린 자선당, 비현각을 다시 세웠어요. 고종의 아들 순종은 세자 시절 이곳을 동궁으로 사용하기도 했죠. 하지만 어머니 명성 황후가 일본인 자객에 살해당한 뒤 순종은 고종과 함께 러시아 공사관으로 옮겨 갔고 동궁은 빈집이 되었어요.

이후 일제 강점기에 동궁의 여러 건물이 사라졌는데요. 계조당은 1910년대쯤 없어진 걸로 추측합니다. 비현각은 어느 일본인에게 팔려 갔어요. 한옥은 해체해서 다른 장소로 옮겨 다시 조립해 지을 수가 있거든요. 자선당은 오쿠라라는 일본인이 도쿄로 가져가 버렸습니다. 자기 집에 개인 박물관을 만들고 자선당을 조선관으로 사용한 거예요. 정말 말도 안 되는 일이지요. 더 안타까운 것은 대지진 때문에 자선당이 불에 타 버렸다는 건데요. 이후 오쿠라는 그 자리에 호텔을 짓고, 자선당의 주춧돌들을 호텔 정원에 아무렇게나 버려두었어요.

시간이 한참 흐른 1993년, 방치되어 있던 자선당 주춧돌이 발견되어 많은 노력 끝에 우리 품으로 돌아왔어요. 그런데 너무 심하게 훼손되어서 자선당을 복원하는 데 다시 사용할 수 없는 상황이었죠. 지금은 건청궁 동쪽 언덕인 '녹산'에 놓아두었어요. 현재 우리가 보는 자선당과 비현각은 1999년 새로 복원한 건물이에요. 계조당은 이후에도 한참을 빈터로 남아 있다 2023년 다시 지었고요. 일제의 손에 사라졌던 동궁의 세 건물이 다시 돌아오기까지 100여 년의 시간이 걸렸네요.

탐험미션

자선당의 흔적이 남아 있는 녹산은 우리가 잊지 말아야 할 가슴 아픈 공간이에요. 동궁을 둘러본 뒤 꼭 녹산에 들러 그을린 흔적을 찾아보세요.

주제 탐험 코스 2   화재를 막기 위한 상징물을 찾아서

궁궐의 건물들은 대부분 나무로 지어져 불에 무척 약했어요. 그래서 궁궐 안 곳곳에 큰불을 막기 위한 다양한 상징물을 설치해 놓았어요. 과연 어디에, 어떤 상징물이 있을까요?

① 광화문 현판

광화문의 현판을 보세요. 1867년 경복궁을 다시 지을 때 각 건물의 현판을 검은색으로 칠했는데요. 검은색에는 불을 제압하는 의미가 담겨 있기 때문이라고 해요. 다른 건물들의 현판도 주의 깊게 살펴보세요!

② 근정전 드므

근정전의 상월대와 하월대 사이 계단 옆에 놓인 커다란 무쇠 그릇이에요. 불을 끄려고 물을 담아 두었다고 하지만, 화마가 드므 속 물에 비친 자기 모습을 보고 놀라 달아나게 하려는 의도가 더 커요. 또 궁궐 사람들에게 불조심을 되새기는 역할도 했을 테고요.

훠이~ 화마야, 물렀거라!

④ 경회루 청동 용

기록을 보면 경복궁을 다시 지을 때 경회루 연못 북쪽에 청동 용 한 쌍을 넣었다고 해요. 임금을 상징하는 동물이자 물의 신이기도 한 용으로 궁궐을 화마에서 지켜 내겠다는 의지를 담은 거죠. 연못 안에 넣어 둔 용 중 하나가 나중에 발견되어 지금은 국립고궁박물관에 전시되어 있어요.

경회루 지붕의 잡상은 11개야!

③ 경회루 잡상

경회루 지붕의 잡상을 보세요. 잡상은 건물에 위엄을 더하기도 하지만, 불과 사나운 기운을 막기 위해 올려 둔 것이라고도 해요. 경복궁에서 또 다른 잡상을 찾아보세요.

색다르게 탐험하기 경복궁 안에 위치한 국립고궁박물관에서 조선 왕실의 문화가 담긴 유물들을 감상해 보세요.

소주방

왕실 가족의 음식을 책임진 부엌

왕실의 음식을 준비하던 곳, 소주방

궁궐에는 정치나 행정만큼 중요한 일이 또 있었어요. 바로 음식이에요. 왕과 왕비뿐 아니라 왕실 가족들이 먹는 것이기 때문에 정성을 다해 요리해야 했지요. 큰 행사가 열릴 때면 음식도 격식에 맞춰 준비해야 했고요. 궁궐에서 음식을 준비하던 곳이 소주방입니다.

소주방이란 '불을 이용해 요리하는 곳'이라는 뜻이에요. 불을 쓰는 곳이다 보니 왕이나 왕비가 머무는 침전에서 떨어진 곳에 자리했지요. 원래 소주방은 궁궐 안 여러 곳에 두었는데 지금은 강녕전 동쪽, 그러니까 자경전과 자선당 사이에 소주방을 복원해 놓았어요. 임금의 식사인 수라를 준비한다고 해서 소주방을 '수라간'이라고도 했어요. 소주방은 요리하는 곳, 수라간은 상을 차리는 장소로 구분하기도 하는데 같은 의미로 보면 돼요.

소주방은 하는 일에 따라 내소주방, 외소주방, 생과방, 이렇게 세 개의 부서로 나뉘었습니다. 내소주방에서는 왕과 왕비의 아침, 점심, 저녁 식사를 준비했어요. 외소주방은 다른 말로 '난지당'이라고 불렀는데, 여기에서는 궁궐에서 열리는 크고 작은 잔치와 행사, 명절 때 먹는 음식을 만들었지요. '생물방', '복회당'이라고도 하는 생과방에서는 왕실 가족들이 후식으로 먹을 떡과 과일, 차 등을 준비했어요.

소주방에서 일하던 사람들

조선 시대에는 궁중 음식과 소주방을 맡아 관리하는 관청을 따로 두었어요. '사옹원'이라는 곳이었지요. '숙수'라고 불린 조리사 열세 명이 있었고요. 여기에 더해 숙수를 도와 물 끓이기, 밥 짓기, 떡 만들기, 생선 굽기, 두부 만들기, 음식 찌기, 그릇 관리하기, 물 길어 오기, 청소하기 등 각기 자기가 맡은 일만을 하던 사람들과 딸린 종들까지 모두 합치면 많게는 780명 정도가 궁중 음식을 만드는 일에 참여했어요. 내시와 궁녀들도 소주방 업무를 도왔고요.

큰 잔치가 열릴 때는 임시 주방인 '숙설소'를 설치하기도 했어요. 헌종 때 잔치 준비를 위해 설치했던 숙설소는 규모가 190칸이나 되었다고 전해져요. 숙설소를 지휘한 이들을

'대령숙수'라고 해요. 대령숙수는 평소에는 궁 밖에 살다가 큰 잔치가 열리면 궁궐로 들어와 음식을 만들었지요. 지금으로 치면 출장 전문 요리사인 셈이에요.

장꼬마마가 지키던 장고

소주방과 떼어 놓을 수 없는 장소도 탐험해 볼까요? 우리 전통 음식의 기본 재료인 장을 보관하던 '장고'라는 곳으로 가 보자고요. 경회루를 지나 북쪽으로 더 들어가면 함화당 서쪽에 복원되어 있어요. 고종 때 그린 〈북궐도형〉이라는 건물 배치도를 보면 원래 장고는 향원정을 중심으로 동쪽과 서쪽, 두 곳에 있었어요. 동쪽에 있던 장고는 지금의 소주방에서도 멀지 않았는데, 왕과 왕비 등 왕족들이 먹는 음식에 쓰던 장을 이곳에 보관했지요. 복원된 서쪽 장고에는 잔치 음식이나 제사 음식에 필요한 장을 저장해 두었고요.

궁궐에는 우리가 아는 간장, 고추장, 된장 말고도 증감장, 청장, 전장, 수장, 증장, 즙장, 해장 등 이름도 낯선 장이 무척 많았어요. 왕실 가족이 먹는 음식에 사용되는 재료이니

만큼 보관하고 관리하는 일 또한 요리 못지않게 엄격하고 중요했지요. 장고는 '장꼬마마'라고 불리던 궁녀가 지켰다고 해요.

장독에는 나쁜 기운이 들어가거나 벌레가 꼬이는 것을 막기 위해 금줄(나쁜 기운을 막기 위해 짚으로 꼬아 매달아 놓는 새끼줄)을 쳐 놓았어요. 또 창호지를 버선 모양으로 잘라 장독 겉면에 거꾸로 붙여 놓았지요. 여기엔 잡귀를 쫓는 문구 등을 적었고요.

아쉽게도 지금은 1년 중 기간을 따로 정해 장고의 문을 열어요. 장고 안으로 들어가면 전국에서 모인 다양한 모양과 크기의 많은 장독들을 구경할 수 있습니다.

탐험미션

소주방에는 궁중 음식을 만드는 데 필요한 물을 길어 올리던 우물이 있어요. 내소주방과 외소주방 사이에 있는 우물을 찾아보세요!

자경전 꽃담

경복궁에서 만나는 야외 미술관

자경전의 서쪽 담장

궁궐에는 건물이 참 많아요. 모두 다 비슷하게 생긴 것도 같고요. 어떤 건물 앞에 서면 '조금 전에 본 것 같은데?' 하는 생각이 들지도 몰라요. 이럴 때 건물의 특징을 발견해 별명을 붙여 보는 건 어떨까요? 이번에 탐험할 자경전이라는 건물에는 '야외 미술관'이라는 별명이 잘 어울려요. 자경전 바깥을 둘러보면 그 이유를 알 수 있죠.

자경전 정문을 바라보고 선 다음 왼쪽으로 몸을 돌려 걸어가 보세요. 그런 다음 모퉁이를 돌면 길게 쭉 이어진 담장이 눈앞에 펼쳐져요. 얼핏 보아도 평범한 담장은 아닌 것 같아요. 황토색과 흰색으로 복잡하게 얽히고설킨 문양이 담장 가득 새겨져 있네요. 조금 더 가까이 다가서서 보면 담장 문양에 일정한 규칙이 있는 것도 같아요. 황토색으로 빚은 벽돌과 흰색을 띤 흙이 조화롭게 어우러진 근사한 그림도 보이고요. 이번에는 뒤로 물러나 담장에서 멀찍이 떨어져 서 보세요. 담장 전체가 한 폭의 커다란 그림으로 보이기 시작하나요?

이른 봄날의 시간을 붙잡아 둔 꽃담

 이곳 자경전 서쪽 바깥 담장은 '꽃담'으로 불려요. 꽃뿐만 아니라 나비, 나무, 열매 등이 담벼락에 좌르륵 펼쳐져 있죠. 이제 그림을 하나하나 볼까요?

 이른 봄날을 알리듯 매화가 피어 있는가 하면 탐스러운 복숭아와 석류도 달려 있네요. 모란과 국화, 대나무도 그려 넣었고요. 아무 무늬가 없었다면 영 밋밋했을 기다란 담장에 천연 재료를 사용해 자연을 심어 둔 거예요.

자경전 꽃담에서 가장 눈여겨보라고 추천하고 싶은 작품은 맨 왼쪽에 있는 그림이에요. 매화나무 한 그루가 보이고, 둥근 달도 떠 있군요. 그렇다면 어느 달 밝은 밤 풍경을 그린 모양인가 봅니다. 둥근 달을 배경으로 나뭇가지 끝에 새 한 마리가 앉아 있는 모습이 절묘하고 정겹게 느껴져요. 담장에 한 발 다가가 코를 갖다 대면 그윽한 꽃향기가 풍길 것만 같고요. 우리의 갑작스런 방문에 깜짝 놀란 새가 날갯짓하며 날아가 버릴지도 모를 일이지요.

매화는 대개 이른 봄에 피어요. 간혹 늦겨울과 초봄 사이에 눈이 내리기도 하지요? 이때 너무 서둘러 핀 매화를 보고 '눈 속에 핀 매화'라는 뜻으로 '설중매'라고도 불렀어요. 차가운 눈과 봄꽃을 함께 볼 드문 기회지요. 꽃담의 맨 왼쪽 자리에는 늦겨울과 초봄 사이 어느 때쯤의 시간이 머물고 있는 셈입니다.

담장 가득 새긴 마음

이제 오른쪽으로 눈을 돌려 보세요. 그림과 그림 사이에 익숙한 글씨체가 보이네요. 강녕전 굴뚝에서 보았던 아름다운 글씨체와 비슷하지요? 바깥 담장에 쓰인 글자를 오른쪽에서부터 읽어 보면 '樂(낙), 疆(강), 萬(만), 年(년), 張(장), 春(춘)'입니다. 안쪽 담장에는 '千(천), 貴(귀), 萬(만), 壽(수)'라고 쓰여 있고요. 모두 자경전의 주인이 즐겁고 건강히 오래 살기를 바라는 마음이 담긴 글자들이에요.

글자뿐만 아니라 다양한 문양이 안쪽 담장까지 계속 이어집니다. 장수를 상징하는 거북 등딱지 문양도 보이는군요.

그림 위아래로는 반복되는 무늬가 길게 이어져 있는데, 이렇게 시작도 끝도 없는 것처럼 이어지는 무늬를 '무시무종' 문양이라고 해요.

안과 밖의 경계를 짓고 집주인의 안전과 사생활을 보호하는 것이 담장의 본래 역할이에요. 하지만 이렇게 정성이 담긴 글자와 그림을 가득 새겨 넣은 순간 자경전 서쪽 담장은 평범한 담장에서 집주인이 마음을 기댈 공간으로 탈바꿈했습니다.

탐험미션

자경전 꽃담의 그림들을 찬찬히 감상해 보세요. 어떤 그림에 가장 마음이 끌리나요? 그 이유가 무엇인지 생각하고 이야기 나누어 보세요.

자경전

왕실 최고 어른을 향한 효를 담은 집

어머니에게 경사스러운 일만 있기를

꽃담에 한참 마음을 빼앗긴 채 서 있다 보면 문득 궁금해질 거예요. 이곳 자경전에는 누가 살았을까 하고요. 궁금증을 안고 자경전 마당으로 함께 들어가 볼까요?

자경전은 임금의 어머니인 대비나 할머니인 대왕대비, 즉 왕실의 어른을 위한 공간인 '대비전'입니다. 어머니에게 경사스러운 일이 생기길 바라며 '자경'이란 이름을 붙였고요.

경복궁에 자경전이 생기기 전, 창경궁에 먼저 자경전이 세워졌어요. 정조가 자신의 어머니 혜경궁 홍씨를 모시기 위해 지금의 창경궁 통명전 뒤쪽 언덕에 대비전을 지었거든요. 하지만 창경궁 자경전은 고종 때 철거되어 사라졌습니다. 일제 강점기에 주변 모습이 많이 바뀌었고 현재는 숲이 조성되어 있죠.

신정 왕후에 바친 특별한 선물

조선 시대에 다음 임금은 어떻게 정해졌을까요? 왕과 왕비 사이에 태어난 첫째 아들, 조금 어려운 말로는 '적장자'

가 다음 임금이 되는 것이 원칙이었답니다. 왕실의 정통성을 유지하기 위해서였지요. 하지만 이 원칙이 지켜지지 못한 경우가 많았어요. 조선의 임금 중 적장자 출신은 단 일곱 명뿐이었거든요. 적장자가 없으면 둘째 아들이나 후궁이 낳은 아들 또는 임금의 손자가 왕위를 이어받으면 되지만, 가장 심각한 상황은 임금이 아들도 손자도 없이 죽는 경우였어요. 바로 철종이 그랬지요.

당장 왕위를 이을 세자가 없을 때 왕실의 어른인 임금의 어머니나 할머니가 다음 임금이 될 인물을 지목했는데요. 철종이 세상을 떠났을 당시 왕실의 큰어른은 바로 신정 왕후였어요. 신정 왕후는 고종을 자신의 양아들로 삼고 왕위에 올렸지요.('태원전'을 탐험할 때 또 등장할 이야기이니 기억해 두면 좋아요.) 고종의 아버지 흥선 대원군은 자신의 아들을 임금으로 선택해 준 신정 왕후가 무척 고마웠을 거예요. 그래서 고종이 임금 자리에 오른 직후 경복궁을 대대적으로 다시 지을 때 자경전을 공들여 만들고 신정 왕후에게 바친 것이랍니다.

자경전 곳곳에 묻어난 효심

 자경전 구석구석에는 신정 왕후를 위한 세심한 배려가 많이 남아 있어요. 자경전 정문의 이름만 봐도 알 수 있는데요. 신정 왕후가 건강하게 오래 살기를 바라는 마음을 담아 '만세문'이라는 이름을 붙였어요.

 자경전으로 오르는 계단 앞에는 사각 돌기둥 위에 석수(돌을 깎아 만든 짐승) 한 마리가 올라가 앉아 있어요. 이 집의 주인을 지키라고 이곳에 둔 걸까요? 궁궐에 있는 다른 건물에서는 보기 어려운 조각이에요.

 자경전은 가운데에 본채를 두고 동쪽에는 좌우로 뒤집힌 기역 자 모양, 서쪽에는 니은 자 모양의 건물이 이어진 형태입니다. 마당에서 건물 쪽을 바라봤을 때 앞으로 불쑥 튀어나와 있는 동쪽 건물은 '청연루'예요. 다락처럼 마루를 높게 지어 신정 왕후가 한여름을 시원하게 지낼 수 있게 만든 누각이지요. 문을 모두 열면 바람이 잘 통하거든요. 서쪽의 '복안당'이라는 건물은 겨울에 따뜻하게 머물 수 있게 만든 침실이고요.

건강을 기원하는 예술 작품

자경전 담장 안에서 볼 수 있는 가장 예쁜 장소는 뒷마당에 있어요. 바로 십장생 굴뚝입니다. 뒷마당의 담장을 보면 가운데 한 칸쯤 튀어나오게 만든 부분이 있는데, 그게 바로 굴뚝이에요. 십장생에 해당되는 해와 산, 물, 돌, 구름, 소나무, 불로초(먹으면 늙지 않는다고 알려진 풀), 거북, 학, 사슴 등을 벽면 가운데에 가득 그려 놓았지요. 십장생 주변에는 불로초를 물고 날아오른 학과 나쁜 기운을 쫓는다는 상상의 동물 불가사리 등이 보이네요.

위치를 생각해 보면 이 굴뚝은 자경전 집주인만 보고 즐긴 작품이었을 거예요. 마치 한 편의 연극 무대가 펼쳐지는 듯한 자경전의 십장생 굴뚝에는 집주인이 병에 걸리지 않고 건강하기를 바라는 마음이 가득 담겨 있지요.

탐험미션

자경전 뒷마당의 굴뚝 앞에 서서 십장생에 해당되는 열 가지를 모두 찾아보세요.

향 원 정

고종과 명성 황후의 개인 정원

왕과 왕비가 오붓한 시간을 보내던 정자

 지금껏 우리는 건물과 건물 사이를 이리저리 통과하며 경복궁 곳곳을 탐험했어요. 그러다가 이곳 향원정 부근에 다다르면 주변이 탁 트여 있다는 느낌을 받지요.

 향원정은 연못의 섬 위에 육각형으로 지은 2층 정자예요. 그래서인지 경회루와 곧잘 비교되곤 해요. 경회루가 나라의 공식 연회 장소였다면 향원정은 고종이 명성 황후와 여유로운 시간을 보내기 위해 마련한 공간이지요.

 규모로만 따지면 경회루에 비해 훨씬 작지만, 근사한 주변 풍경을 보면 결코 초라하게 느껴지지 않아요. 북쪽으로 우뚝 솟은 북악산과 서쪽에 서 있는 인왕산이 마치 향원정과 연못을 지그시 내려다보는 듯 아름다운 경치를 자랑하거든요. 향원정과 연못 둘레를 천천히 거닐어 보세요. 주변 풍경이 미묘하게 바뀌는 걸 발견할 수 있을 거예요.

 물론 향원정에 올라 바라보는 풍경은 왕과 왕비만의 특권이었겠죠. 정자는 대개 사방이 트인 형태로 짓지만, 종종 문을 설치하기도 하는데요. 향원정도 1, 2층에 문을 달아 두었지요. 고종과 명성 황후는 둘만의 오붓한 시간을 보내다 문을 열고 바깥 경치를 감상하기도 했을 거예요. 특히 1층 바닥에는 온돌이 깔려 있어, 한겨울에도 향원정에 머물며 잠깐씩 문을 열고 눈 쌓인 북악산과 인왕산의 멋진 경관을 감상했을 테고요.

잔잔한 수면 위에 풍경으로 그림을 그린 연못

　향원정을 둘러싼 연못, 향원지를 둘러볼까요? 경회루 연못이 네모반듯한 것에 비해 향원지의 모서리는 완전히 각이 잡혔다기보다는 살짝 둥그스름하죠. 〈북궐도형〉을 봐도 두 연못의 모서리 모양이 차이가 나는 걸 알 수 있어요.

　연못 둘레를 걷다 서북쪽 모서리를 지날 때쯤 돌로 만든 설치물을 찾아보세요. '열상진원'이라는 이름의 작은 샘으

로, '차갑고 맑은 물'이란 뜻이에요. 북악산에서 흘러나온 물이 이곳을 거쳐 향원지로 흘러 들어갔지요. 조선 시대만 해도 궁궐에서는 이 샘의 물을 마셨어요. 물론 지금은 마실 수 없지만 열상진원의 구조와 모양을 보는 재미가 크답니다.

 돌로 낮은 담장을 만들고 그 위로 사각 모양 덮개돌을 지붕처럼 올려놓았는데, 이곳이 샘이에요. 그런데 물의 움직임이 특이하군요. 직선으로 곧장 연못을 향해 흘러 들어가지 않고 90도로 두 번 꺾여 연못과 합쳐지거든요. 마지막에는 물이 연못에 자연스럽게 흘러들도록 수로를 수면 아래 숨기는 방식으로 설계했어요.

 수로를 이런 모양으로 만드는 게 쉽지 않았을 것 같은데, 왜 굳이 복잡하게 만들어 놓았을까요? 북악산에서 한껏 속도를 높여 향원지까지 내달린 물이 바로 연못으로 들어갔다면 수면에 파문이 일었을 거예요. 만약 그렇게 계속 물결이 치면 향원정과 주변 나무, 꽃들이 수면에 비치지 못했을 테고요. 아마도 수면 위에 주변 풍경이 선명하게 반사되어 비치도록 의도적으로 그렇게 만든 게 아닐까요?

향기에 취하는 다리

향원지에는 '향기에 취하는 다리'라는 뜻의 취향교가 놓여 있어요. 건청궁과 향원정을 잇는 다리인데, 한국 전쟁 때 그만 파괴되고 말았죠. 전쟁 이후 다리를 복원했지만, 원래 위치가 아니라 정반대인 남쪽으로 설치했지 뭐예요. 건청궁이 사라진 상태였으니 굳이 연못 북쪽으로 다리를 이을 생각을 하지 못한 것일 수도 있지요. 결국 2021년 취향교를 원래 자리로 옮겼는데, 복원된 취향교의 흰색 난간이 우리 전통 건축에서는 흔치 않은 모습이라 낯설다는 반응도 있었어요. 그러나 원래 취향교의 모양과 색깔이 지금과 같았다는 사실을 여러 자료에서 확인할 수 있답니다.

탐험미션

향원정과 향원지를 쭉 돌아본 소감이 어떤가요? 여러분만의 느낌을 담아 이 공간에 별명을 지어 주세요.

태 원 전

세상을 떠난 왕과 왕비가 머물던 곳

조선 왕실의 장례 절차

궁궐은 하나의 작은 도시라고 할 수 있어요. 한 사람이 태어나 성장하고, 생활하고, 세상을 뜰 때까지 필요한 시설 대부분이 모여 있어, 인생의 시작과 끝이 그 안에서 다 이루어지니까요. 그중에서도 태원전은 왕과 왕비가 인생의 마지막을 보내는 장소였지요.

조선 시대에는 나라에서 지내는 다섯 가지 의례를 '오례'라고 하여 그 예법과 절차를 정리해 두었어요. 오례 중 하나는 사람이 죽은 뒤 치르는 장례에 관한 것으로, 왕과 왕비, 세자 등의 장례인 '국장'에 관한 내용도 포함돼 있어요.

조선 시대에는 나라의 중요한 행사가 있을 때 '도감'이라는 임시 기관을 두어 준비와 진행을 맡겼어요. 국장을 치를 때에도 마찬가지였지요. 장례에 관한 일 전체는 '국장도감', 시신과 시신을 모셔 놓는 곳을 관리하는 업무는 '빈전도감'이 맡았어요. 묘지를 정하고 능(왕이나 왕비의 무덤)을 만드는 것은 '산릉도감'의 책임이었고요. 능이 완성되면 시신을 묻은 뒤 신주(죽은 사람의 이름이 적힌 나무패)는 다시 궁궐로 가져와 혼전(국장을 치른 뒤 3년 동안 신주를 모시던 전각)에 모셔 두는데, 이때부터는 '혼전도감'의 업무가 시작되었어요. 국장의 이 모든 과정은 약 70단계를 거쳤고, 길게는 27개월이 걸렸어요. 왕실을 대표하는 사람들의 죽음에 관한 일이다 보니 긴 시간 동안 복잡한 절차에 따라 엄숙한 분위기에서 이루어진 거예요. 능이 완성되기 전까지 왕과 왕비의 시신은 '빈전'이라는 곳에 모셔 놓았는데요. 경복궁의 빈전이 바로 지금 함께 둘러볼 태원전입니다.

슬픔과 희망이 교차하는 곳

임금의 장례식에는 한 사람의 죽음, 그 이상의 의미가 담겨 있어요. 어제까지만 해도 세자였던 인물이 조선의 새 임금으로 탄생하는 과정이기도 했으니까요. 국장은 세자가 임금이 되어 맞이하는 첫 시험이었던 셈이에요.

새로 즉위하는 임금은 장례 기간에 모든 백성이 충분히 슬퍼할 자리를 마련해 주어야 했어요. 또 그 슬픔에서 자연스럽게 빠져나올 수 있도록 리더십도 보여 주어야 했고요.

왕실 가족과 신하들이 느낄 상실감을 잘 다독여 주는 동시에 자신의 마음과 생각도 추슬러야 했지요. 게다가 잠시라도 나랏일을 놓을 수 없었을 테니 짧은 시간 안에 나라가 어떻게 돌아가는지 파악하는 것도 중요했어요. 한마디로 태원전은 임금이 세상을 떠났을 때 나라 전체의 슬픔이 모이던 곳이자 이전 권력과 새 권력이 바뀌는 공간이었던 거죠.

태원전에 머물렀던 두 사람

태원전은 경복궁을 처음 지었을 때부터 있던 건물은 아니에요. 조선 후기에 흥선 대원군이 경복궁을 다시 지을 때 새로 세웠지요. 사실 이전에는 새로운 건물을 짓는 대신 임금의 집무 공간인 편전 등을 빈전으로 이용했는데, 흥선 대원군은 아예 빈전으로 사용할 목적으로 태원전을 지은 것으로 보여요.

처음에는 이곳에 이전 임금들의 초상화인 어진을 모셔 두었어요. 태원전이 만들어진 뒤 원래의 용도인 빈전으로 사용된 것은 딱 두 차례예요. 그러니까 이곳에 머문 사람도 둘뿐이겠지요. 둘 다 고종과 관련 있는 인물이랍니다.

첫 번째는 신정 왕후예요. 남편인 효명 세자가 왕위에 오르기도 전에 젊은 나이에 세상을 떴지만, 나중에 임금의 칭호를 받으면서 그의 부인이었던 신정 왕후의 신분도 왕비로 올라갔어요. 이후 임금이 여러 차례 바뀐 뒤 신정 왕후는 권력의 정통성을 이어 가기 위해 고종을 왕위에 앉히고 자신의 양아들로 삼았지요. 신정 왕후가 세상을 뜬 뒤 태원전이 처음으로 빈전으로 사용된 거예요.

두 번째는 명성 황후입니다. 1895년 경복궁에서 끔찍한 사건이 일어났어요. 고종의 왕비인 명성 황후가 일본인 자객에 죽임을 당한 거예요. 이때 명성 황후의 시신도 태원전에 모셨습니다. 이 사건에 대해서는 '건청궁'을 탐험하며 더 이야기해 줄게요.

> **탐험미션**
>
> 태원전의 '태원'은 '하늘'을 뜻해요. 왜 이런 이름을 붙였을까요? 건물의 역할을 떠올리며 생각해 보세요.

건청궁

고종이 지은 궁궐 속 궁궐

경복궁 깊숙한 곳, 고종을 위한 공간

흔히 건청궁을 '궁궐 속 궁궐'이라고 해요. 다섯 궁궐을 통틀어 궁궐 안에 다시 '궁'이라는 이름을 붙인 건물은 건청궁뿐이거든요. 집 안에 다시 집을 지었다고 생각해 보세요. 고개를 갸우뚱하게 되죠. 그렇게 이름 붙인 이유를 알려면 먼저 고종의 삶을 살펴봐야 해요.

고종은 원래 왕족의 먼 친척 중 한 명으로, 권력을 이어받을 가능성이 거의 없는 인물이었어요. 앞서 자경전과 태원전을 탐험하면서 고종이 어떻게 임금이 되었는지 살펴봤지요? 고종이 왕위에 올라갈 수 있었던 것은 당시 왕실의 큰어른이었던 신정 왕후의 영향력과 고종의 아버지 흥선 대원군의 뛰어난 정치 감각 덕분이었잖아요.

고종이 열두 살 어린 나이에 임금이 되었기 때문에 처음에는 신정 왕후가, 나중에는 흥선 대원군이 권력을 쥐고 국정을 펼쳐 나갔어요. 아버지의 그늘에서 벗어나고 싶었던 고종은 궁궐 깊숙한 자리에 자신만의 공간을 마련하기로 했죠. 이곳이 바로 건청궁입니다.

'궁'이라고 이름은 붙였지만 건청궁의 구조와 배치는 양반집과 비슷했어요. 집안의 남자 주인이 사용하던 사랑채에는 고종의 공간인 추수부용루와 장안당을 세웠습니다. 장안당 뒤쪽으로는 우리나라 최초의 서양식 2층 건물인 관문각이 있었는데, 지금은 빈터만 남아 있고요. 여성들의 공간인 안채에 지은 곤녕합과 옥호루는 명성 황후가 사용했는데요. 추수부용루부터 장안당을 거쳐 곤녕합과 옥호루까지 복도각으로 연결되어 편하게 이동할 수 있었죠.

우여곡절 끝에 밝은 빛을 비춘 건청궁

나라 예산을 쓰면서까지 건청궁을 새로 짓겠다고 하자, 신하들이 반대하고 나섰어요. 그러자 고종은 임금의 개인 재산인 '내탕금'으로 건청궁을 끝내 완공할 수 있었지요. 하지만 경복궁 안에 큰불이 나는 등 우여곡절을 겪는 바람에 고종이 건청궁에서 실제로 지내기 시작한 때는 완공된 지 8년이 지난 뒤부터였어요.

이 시기 고종은 서양 문물을 들여오는 데 적극적이었어요.

미국에 외교 사절단으로 보낸 보빙사 일행의 건의를 받아들여 1887년에는 경복궁에 우리나라 최초의 발전소인 '전기등소'를 설치했을 정도였죠. 일본과 중국보다 2년 정도 앞선 데다 아시아에서도 가장 빠르게 도입한 혁신적인 시설이었어요. 전기등소의 위치는 이전까지 건청궁 남쪽과 향원지 북쪽 사이로 알려져 있었지만, 2015년 발굴 과정에서 향원지 남쪽과 영훈당터 사이라는 사실이 드러났지요. 이곳에서 만들어진 전기로 건청궁과 향원지 주변의 전등을 환하게 밝혔답니다.

발전기를 식히기 위해 향원지의 물을 끌어다 썼는데, 이를 본 궁궐 사람들은 전깃불을 '물불'이라고 불렀어요. 또 지금보다는 기술력이 떨어져 전등이 자주 꺼졌다 켜졌다 했는데, 이런 모습이 건달들이 집을 들락날락하는 것과 같다고 해서 '건달불'로 부르기도 했고요.

고종은 전등 불빛이 연못 주변을 비추듯, 앞선 서양 문물을 적극 받아들이면 조선의 미래도 밝아질 거라 기대했을 거예요.

하루아침에 주인을 잃은 건청궁

고종의 기대와 달리 건청궁 생활은 오래가지 못했습니다. 1895년 일본 공사 미우라의 주도 아래 자객과 낭인 수십 명이 한밤중 경복궁을 습격해 옥호루에 있던 명성 황후를 끔찍하게 살해했거든요. 그러자 고종은 이듬해에 아들 순종을 데리고 러시아 공사관으로 피신했지요. 1897년에는 경운궁(지금의 덕수궁)으로 들어가 기울어 가는 나라를 다시

일으키기 위해 대한 제국을 선포했고요. 이로써 고종은 조선 왕조의 마지막 임금이자 대한 제국의 첫 황제가 되었어요. 하지만 얼마 지나지 않아 고종은 강제로 황제 자리에서 쫓겨났어요. 다음으로 황제에 오른 순종 때에는 대한 제국의 국권마저 빼앗기고 맙니다.

고종이 떠나고 하루아침에 주인을 잃은 건청궁은 어떻게 되었을까요? 자연은 심하게 파괴되어도 오랫동안 사람이 찾지 않으면 오히려 살아나는 경우가 종종 있지만, 집은 달라요. 사람이 살지 않은 채 오래 비워 두면 금세 망가져 버리죠. 국권을 빼앗긴 대한 제국의 신세처럼 건청궁 또한 어느 순간 흔적도 없이 사라졌어요. 지금의 건청궁은 2006년에 복원한 건물입니다.

탐험미션

우리나라 최초로 건청궁에 전등 불빛이 켜진 날 밤, 여러분이 그 자리에 있었다면 어떤 기분이었을지 상상해 보세요.

집옥재

최신 유행으로 지은 고종의 서재

옥처럼 귀한 보물을 모아 놓은 곳

경복궁의 남쪽에 자리 잡은 광화문에서 출발해 우리는 드디어 북쪽 끝자락에 있는 집옥재에 도착했어요. 앞서 고종이 자신만의 작은 궁궐 공간을 갖고 싶어 건청궁을 지었다고 했지요? 집옥재는 그때 함께 지은 주변 건물로, 고종의 서재 겸 개인 사무실이었어요. 집옥재란 '옥처럼 귀한 보물을 모아 놓은 곳'이라는 뜻이거든요. 고종은 이곳에 약 4만 권에 이르는 책을 모아 두었던 거죠.

집옥재의 실내를 보면 입구 쪽을 제외한, 마루의 가장자리 세 면이 높게 설치된 걸 알 수 있어요. 계단 한 칸 높이 정도인데요. 이 가장자리 마루 공간이 책을 보는 장소였지요. 지금도 집옥재 안에는 책이 갖추어져 있어요. 봄과 가을에 집옥재 실내를 개방하는데, 이때 방문하면 안에 들어가 책을 볼 수 있습니다.

고종은 때로는 이곳에서 외국 사신을 만나기도 했는데요. 1893년에는 집옥재에서 영국과 러시아, 일본, 오스트리아 대사를 접견했어요.

다양한 양식으로 지은 최신식 건물

 가운데 집옥재를 두고 서쪽으로 '팔우정', 동쪽으로 '협길당'이 복도각으로 연결되어 있어요. 집옥재와 팔우정, 협길당은 고종이 창덕궁에서 경복궁으로 돌아오면서 지금의 자리로 가져와 새로 지은 건물이에요.
 세 건물 중 집옥재와 팔우정은 여러 면에서 독특해요. 궁

궐의 다른 건물에서는 볼 수 없는 중국식 건축 양식이 눈에 띄거든요. 당시로선 최신 유행을 따랐다고 볼 수 있어요. 집옥재의 양옆 벽면은 붉은빛이 도는 벽돌로 쌓아 올렸고, 용마루(지붕 가운데의 가장 높고 수평을 이루는 부분) 양쪽 끝에 올린 용머리 장식은 중국 건물의 지붕 장식과 비슷하지요. 현판도 특이한데요. 한옥 현판에서는 보기 드물게 글씨

를 세로로 썼어요. 중국 송나라 때 명필가로 알려진 '미불'의 글씨로 만든 현판이에요. 팔우정은 2층으로 만든 정자인데, 팔각형 기단석 위에 다시 팔각형 돌기둥을 세우고 그 위에 정자를 얹은 형태로 지었지요. 어때요, 팔각 모양의 정자가 공중에 살짝 뜬 것처럼 보이나요?

여기까지 봤다면 안으로 들어가기 전에 집옥재 뒤쪽도 꼭 봐야 해요. 집옥재 뒷벽에는 둥근 창이 다섯 개 뚫려 있거든요. 가운데는 둥근 달 모양을 닮아 '만월창', 양옆 두 개씩 난 네 개의 창은 반달을 닮아 '반월창'이라고 부르지요.

임금을 상징하는 장식

집옥재 곳곳에서는 임금을 상징하는 것들을 찾아볼 수 있어요. 집옥재로 오르는 계단은 세 부분으로 나뉘어 있는데 가운데에 용을 새긴 답도를 설치했어요. 근정전 답도에 비해서는 크기가 작지만, 계단 가운데 부분으로는 오직 임금만이 지날 수 있다는 사실을 분명히 말해 주는 시설물이지요. 실내로 들어가기 직전에 잠시 머무는 툇마루 공간은 서쪽의 팔우정과 동쪽의 협길당을 연결하는 통로 구실도 하는데, 옆 건물로 건너가는 문 위쪽에 임금을 상징하는 봉황을 새겨 넣었고요. 화려한 봉황 장식은 집옥재 실내 천장에서도 발견할 수 있어요. 크게 세 부분으로 나뉘어 있는데 천장의 좌우에 봉황이, 가운데에 쌍룡이 자리 잡고 있답니다.

탐험미션

집옥재는 '옥처럼 귀한 보물을 모아 놓은 곳'이라고 했지요? '귀한 보물'은 무엇을 가리키는지 생각해 보세요.

주제 탐험 코스 3 **고종의 흔적을 찾아서**

경복궁에는 고종과 관련된 공간이 많아요. 고종의 흔적을 따라가면서 기억을 되살려 빈칸에 알맞은 말을 넣어 보세요.

① 집옥재
고종이 ○○로 사용한 곳이에요. 이곳에서 책도 읽고 나랏일도 했죠. 사신을 맞이한 장소이기도 해요.

② 건청궁
고종이 아버지 흥선 대원군에게서 독립하기 위해 지은 궁궐 속 ○○이자, 명성 황후가 끔찍하게 죽임당한 곳이에요.

③ 향원정
고종과 명성 황후는 건청궁과 연결된 다리 ○○○를 건너 향원정에서 휴식을 즐기곤 했어요.

⑥ 계조당
○○를 위한 건물이에요. 단종 때 사라졌다가 고종 때 다시 지었으며, 세자였던 순종이 이곳을 이용했습니다.

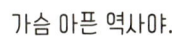

가슴 아픈 역사야.

⑤ 건춘문
명성 황후가 살해된 이듬해에 고종은 ○○○ 공사관으로 피신을 했어요. 이때 일본의 눈을 피해 경복궁을 빠져나갈 때 이용한 문이 건춘문이에요.

④ 자경전
고종이 왕이 되는 데 결정적인 역할을 한 신정 왕후가 머물던 집입니다. 아름다운 ○○으로 잘 알려져 있어요.

정답: ① 사때 / ② 중립 / ③ 향원정 / ④ 꽃담 / ⑤ 러시아 / ⑥ 세자

1426 광화문, 건춘문, 영추문에 이름을 지음

1427 자선당을 지음

1429 사정전과 경회루를 다시 지음

1431 광화문을 고침

1475 북문의 이름을 신무문이라고 함

1443 계조당과 교태전을 지음

1433 강녕전을 고침

1888 강녕전, 교태전, 자경전 등을 다시 지음

1895 건청궁 옥호루에서 명성 황후가 시해당함

1896 고종이 러시아 공사관으로 거처를 옮김

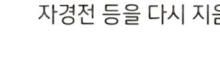

일제 강점기

1926 일제가 조선 총독부 청사를 지음

1918 일제가 내전 전각을 헐어 버림

1915 일제가 경복궁에서 조산물산공진회를 개최함

2021 취향교 위치를 이동하고 복원함

2023 계조당, 광화문 월대를 복원함

~2045 경복궁 복원 사업은 계속 진행 중임

참고 문헌

도서

- 김동욱, 《서울의 다섯 궁궐과 그 앞길: 유교도시 한양의 행사 공간》, 집, 2017
- 김두경, 《궁궐을 그리다: 궐문에서 전각까지! 드로잉으로 느끼는 조선 궁궐 산책》, 이비락, 2019
- 문화재청 편집부, 《궁궐의 현판과 주련 1: 경복궁》, 수류산방, 2007
- 박상진, 《궁궐의 우리 나무》, 눌와, 2019, 개정2판 3쇄
- 박영규, 《조선관청기행: 조선은 어떻게 왕조 500년을 운영하고 통치했을까》, 김영사, 2018
- 설민석, 《설민석의 조선왕조실록: 대한민국이 선택한 역사 이야기》, 세계사, 2016
- 송용진, 《쏭내관의 재미있는 궁궐 기행: 궁궐에서 만나는 우리 역사 이야기》, 지식프레임, 2017, 초판 26쇄
- 송용진, 《쏭내관의 재미있는 궁궐 기행 2: 궁궐에서 일어난 조선의 사건 46가지》, 지식프레임, 2015, 초판 17쇄
- 신병주, 《왕으로 산다는 것》, 매일경제신문사, 2020, 초판 10쇄
- 양승렬, 《사사건건 경복궁: 궁궐길라잡이, 조선 역사의 빗장을 열다》, 시대의창, 2021
- 양택규, 《경복궁에 대해 알아야 할 모든 것: 친절하면서도 꼼꼼한 경복궁 답사기》, 책과함께, 2013, 1판 2쇄
- 유홍준, 《나의 문화유산답사기 6: 인생도처유상수》, 창비, 2017, 초판 28쇄
- 이시우, 《궁궐 걷는 법: 왕궁을 내 집 뜰처럼 누리게 하는 산책자의 가이드》, 유유, 2021
- 정표채, 《한 권으로 읽는 경복궁: 궁궐의 전각 뒤에 숨은 이야기》, 리얼북스, 2022
- 최동군, 《경복궁 실록으로 읽다》, 도서출판 담디, 2017
- 최준식, 《경복궁 이야기》, 주류성, 2020

- ▶ 한국역사인문교육원(미래학교), 《궁궐과 왕릉, 600년 조선문화를 걷다》, 창해, 2021
- ▶ 홍순민, 《홍순민의 한양읽기: 궁궐 상》, 눌와, 2017
- ▶ 홍순민, 《홍순민의 한양읽기: 궁궐 하》, 눌와, 2018, 초판 2쇄

웹사이트

- ▶ 경복궁 홈페이지 royal.khs.go.kr/gbg
- ▶ 국립고궁박물관 gogung.go.kr
- ▶ 국립국어원 표준국어대사전 stdict.korean.go.kr
- ▶ 국립중앙박물관 museum.go.kr
- ▶ 국사편찬위원회 전자도서관 library.history.go.kr
- ▶ 국사편찬위원회 전자사료관 archive.history.go.kr
- ▶ 덕수궁 홈페이지 royal.khs.go.kr/dsg
- ▶ 국가유산채널 k-heritage.tv
- ▶ 국가유산청 국가유산포털 heritage.go.kr
- ▶ 국가유산청 전자도서관 library.cha.go.kr
- ▶ 조선왕조실록(국사편찬위원회) sillok.history.go.kr
- ▶ 창경궁 홈페이지 royal.khs.go.kr/cgg
- ▶ 창덕궁 홈페이지 royal.khs.go.kr/cdg
- ▶ 한국학자료통합플랫폼 kdp.aks.ac.kr
- ▶ e뮤지엄 emuseum.go.kr

이시우 대학에서 역사학을 전공했습니다. 졸업 후 우리 궁궐의 가치에 주목하여 문화유산교육전문가 자격을, 궁궐의 꽃과 나무를 공부하며 숲 해설가 자격을 얻었습니다. 이러한 지식과 경험을 바탕으로 궁궐을 산책하며 역사를 알아 가는 프로그램 '궁궐을 걷는 시간'을 매달 진행하고 있으며, 2024 궁중문화축전에서 궁궐 산책 프로그램 '아침 궁을 깨우다' 진행을 맡았습니다. 궁궐과 우리 문화유산을 좋아하는 이들을 위한 뉴스레터 '궁궐에서 온 편지'도 발행합니다. 쓴 책으로 〈어린이 궁궐 탐험대〉 시리즈, 《궁궐 걷는 법》이 있습니다.   인스타그램 @gungwalk

서평화 그림을 그리는 사람입니다. 가끔 귀엽고 웃음 나는 것도 만듭니다. 오랜 세월을 품고도 다정함과 근사함을 잃지 않은 것들을 참 좋아하며, 좋아하는 것들을 일상과 연결 지어 종이에 담아내고 있습니다. 《저는 종이인형입니다》를 쓰고 그렸으며, 〈어린이 궁궐 탐험대〉 시리즈, 《산다는 건 뭘까?》, 《바다 레시피》, 《넌 아름다워》, 《오늘부터 300일》, 《무리하지 않는 선에서》 등에 그림을 그렸습니다.
인스타그램 @peace.fulll

어린이 궁궐 탐험대

재밌게 걷자! 경복궁

초판 1쇄 발행 2024년 4월 25일   초판 4쇄 발행 2024년 10월 5일

글 이시우   그림 서평화
발행인 양원석   **발행처** (주)알에이치코리아(등록 2004년 1월 15일 제2-3726호)
본부장 김문정   **편집** 박진희, 김하나, 정수연, 고한빈   **디자인** 김민
해외저작권 이시자키 요시코, 안효주   **마케팅** 안병배, 오은희, 김연서   **제작** 문태일, 안성현
주소 서울시 금천구 가산디지털2로 53, 20층(한라시그마밸리)
편집 문의 02-6443-8921   **도서 문의** 02-6443-8800   **홈페이지** rhk.co.kr
블로그 blog.naver.com/randomhouse1   **포스트** post.naver.com/junior_rhk
인스타그램 @junior_rhk   **페이스북** facebook.com/rhk.co.kr

ⓒ 이시우, 서평화 2024
이 책은 저작권법에 의해 보호받는 저작물이므로 무단 전재와 복제를 금합니다.

ISBN 978-89-255-7519-3 (74910)   978-89-255-2418-4 (세트)

※ 제조자명 (주)알에이치코리아 | 제조국명 대한민국 | 사용연령 8세 이상
※ 종이에 손이 베이거나 모서리에 다치지 않게 주의하세요.
※ 잘못 만들어진 책은 구입하신 곳에서 바꾸어 드립니다.
※ KC마크는 이 제품이 공통안전기준에 적합하였음을 의미합니다.